Gesell Selection

Die Reformation im Münzwesen

シルビオ・ゲゼル

Silvio Gesell

山田明紀［訳］

Akinori Yamada

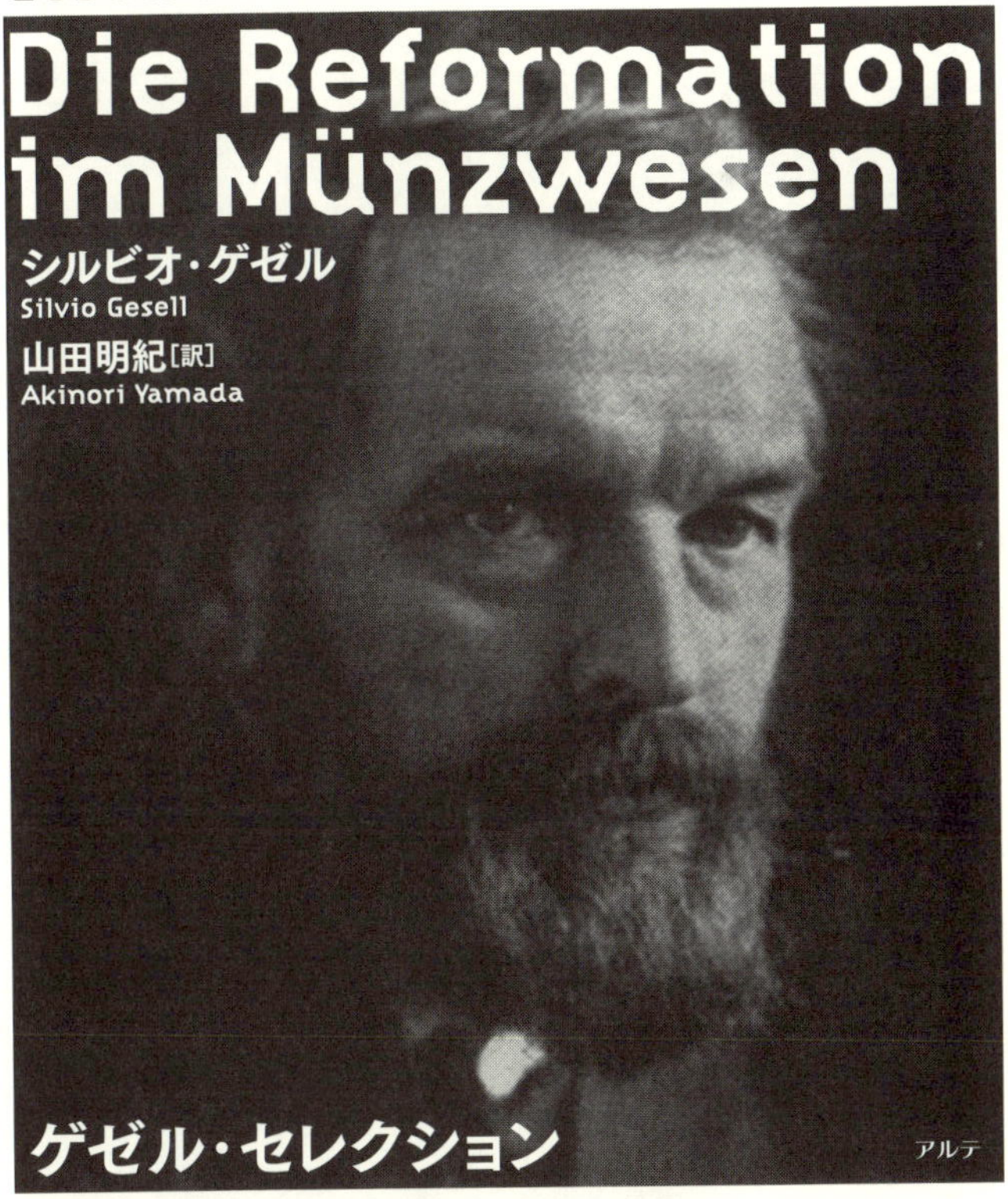

ゲゼル・セレクション

アルテ

貨幣制度改革

Silvio Gesell
Die Reformation im Münzwesen
als Brücke zum socialen Staat, 1891

Die Verstaatlichung des Geldes,
zwite Fortsetzung zur Reformation im Münzwesen, 1892

Gauke GmbH

目次

貨幣制度改革

貨幣の国有化

貨幣制度改革——社会に奉仕する国家への架け橋として

今日の世界のあらゆる国の貨幣制度においては、マルク保有者の有利になるように、一マルクにつき年に十プフェニッヒの税を公共団体を介して徴収している。そのマルクは、商店の金庫にあろうと、タンス預金されていようと、銀行に貯金されていようと、変わりはない。

ブエノスアイレス　一八九一年

シルビオ・ゲゼル

序　言

貨幣が商品ではなく、商品の仲介者とみなされるのであれば、それではいったい誰が、その交換に貨幣を媒介させせなければならないところの、商品の所有者なのだろうか。

疑うべくもなく、**貨幣の**保有者である。

というのも、商品は商取引に委ねられる、言い換えるなら、別の物と交換されねばならず、したがって各々の商品の生産者は、交換を仲介するためには、貨幣が存在することも前提としているからである。当然、貨幣が存在しなければ、商品は売ることも交換することもできないからである。ところが、その交換を仲介することになっている貨幣の保有者は、好きな時に商品を購入できるのである。彼は、今日買うこともできるし、明日買うこともできるうえに、そもそもが商品を買うことを強いられることもないし、商品が傷むに任せておくこともできる。彼はその商品の主人であり、真の所有者である。というのも、彼は交換に際して商品に伴うべき、認定書を所有しているからである。

その貨幣は商品と分かちがたく一体化している。商品が錆びれば貨幣も同じ割合で損なわれる。商品が駄目になれば、それとともにその代行者、貨幣も死ぬ。商品の死とともに、貨幣、交換の仲介者は生存目的、生存理由を失う。商品の**売り渡し**をとおしてはじめて、製造者はその所有者となる。

というのも、売り渡しは彼に所有の印、貨幣を与えるからである。

ゼムジの山の発見

一八九〇年代のある年の三月十三日にベルリンで早目に起き出した者は、太陽がいつもと変わらず東から昇るのを目にしたことだろう。太陽は光り輝きながら天高く昇り、その輝きを前にしては、蛍のみならず、濁りのなかでよりうまく悪事を働くことができるように靄《もや》で大地を覆い尽くす、邪悪な諸精神も光を失い、しぶしぶ恨みを抱きつつ、隠れ家に引き下がった。

この論述を開始するにあたって、私は礼儀正しく、時候の挨拶から始め、当然払うべき敬意を払いたいと思ったので、こう書き出したが、そろそろ本題に入ろうと思う。

財務大臣は再び何百万もの赤字を首尾よくつくり出した。それゆえ彼は、公債のために銀行家と連絡をとり、いまや絶えずその訪問を待ちわびている。そこに、ノックの音がする。ようやく、大臣は言う。「望むらくは、彼が好都合な知らせをもたらしてくれたのならいいのだが」

しかし、銀行家の代わりに、郵便配達人が入ってきて、シュニュッフラー博士の手紙を手渡した。シュニュッフラー博士は優秀な学者として広く認められており、地質学者として世界的名声を博していた。

彼は政府から、国費でボーリングを行なうために、シュプレーヴァルトの方へ派遣されていた。なぜなら、そこに油田があると推定されていたからである。シュニュッフラー博士の手紙は、以下のようであった。

「私の石油掘削は、ボーリング機がもうすでに五千フィートの深さまで達しているにもかかわらず、遺憾ながら、これまでのところいかなる成果も上げていません。この失敗がたとえ嘆かわしいものだとしても、この作業は他の点では、学問にとって最高度に価値のある成果を生み出しています。私は地球の引力の秘密の手がかりをつかんでいると言うことで、すべてが言い尽くされていることになるでしょう。しかし、さらにまた、国の産業的利害にとっても、この作業は有益であります。ボーリングは、海面下千フィートの深さでは地球は純粋な金属から成っている、ということを明らかにしました。詳しく述べるなら、ここでは金属が、厳密にその物質固有の重量の順序で互いに厚い層をなして存在しているのです。アルミニウムが一番上にあって、金とプラチナが一番下にあり、つまりはそこまでボーリング機が到達しました。さらに深く進めば、まだわれわれにはまったく未知の別の金属、その特性がひょっとするとわれわれに多くの自然の秘密を明かしてくれるかもしれない金属が、層を成して存在している可能性が高いのです。

追伸。私がボーリング機が掘り出した金を閣下に鉄道で発送したことを、申し添えるのを忘れていました。それは二、三千キロになるでしょう。閣下がもっと金属を掘り出すことを望まれるなら、たやすくご要望に沿うことができます。すでに申し上げましたように、地球全体は、五千フィートの深さでは厚い金の層で覆われていると思われます」

大臣が言う。「これはたまげた。たしかにこの上なく珍妙な知らせだ。シュニュッフラー博士はこともなげに三千キロの金のことを口にしているが、この総額は赤字の、この数週間私が眠れずにいた赤字の補填のためには十分なものだ。だが彼は、さっさともっと頑丈な輸送車を呼び寄せて、彼の戸口の前で停まらせることには思いが到らなかった。ことは金の輸送である。シュニュッフラー博士が送ったのは、高価な金なのだ。大量の金塊がそこに堆《うずたか》く積み上げられていて、物見高い大群衆がそれをまじまじと見つめていたというのにだ」。大臣は押し黙ったまま立ちつくしていたが、幸せな気持ちになってきた。彼は起こったことの影響をすべて見通すことはできなかったが、それは望むべくもなかった。結局、彼は落ち着きをとり戻して、王のもとに急いだ。王は少なからず、訝しんだ。王は協議のために、国の賢人、偉人を招集した。この協議の結論は、シュニュッフラー博士に工兵連隊を自由に使わせ、指揮命令させ、全権をもって金採掘を押し進めさせる、というものであった。

ほどなく、最初の貨物が到着する。金塊を乗せた列車はすべて到着し、国立銀行が受け取り、高価な財宝を収容する。しかし早くも、すぐ次の輸送が銀行当局を困惑させる。金をどこに置いたらよいか分からないのである。金庫はいっぱいで、地下貯蔵庫もいっぱいだが、輸送が途絶えることはない。「みんな、聞いてくれ。ありがたいことに、いまシュニュッフラー博士は発掘を中止するように命じられたそうだ。でももう遅すぎた」

途方もない金の発見の知らせは、当然のことながら、あっという間に国じゅうに広まった。シュニュッフラー博士が推定したように、特定の深さの地中は金塊で覆われている、ということが確認される。いたるところにボーリング機が置かれ、窪みという窪みに並べられ、すぐにドイツ国家は篩《ふるい》のような外観を呈するようになった。

巨大な金の山が掘り出され、土地の住民は皆、鉱山労働者となり、農業のことはもはや考えなくなった。すぐに食料不足が生じるのは、当然のことだった。イングランドやアメリカに大至急電報が打たれ、注文された品は喜んで届けられる。ドイツ人はいまや大金持ちであり、請求が踏み倒されるリスクはまったくない。

汽船が食料をもたらし、金を積み込んで戻っていく。

イングランドの銀行がそれを引き受け、最初に運ばれた貴金属は大きな厳重に保護されたケースに収められて、続々とそこへ運び入れられた。しかし、早くも二回目の輸送で、理事会は困った事態に陥る。緊急招集された銀行理事会は、予期されるさらなる輸送に向けて余地をつくるために、割引利子を最初は二パーセント、次には一パーセントに引き下げることを議決したが、この措置の結果、なおも預金が十分迅速に引き出されないと、割引利子を完全に下落するに任せるのみならず、預金のための保管料を引き上げることさえ議決され、この措置によって、今は銀行に蓄えられた金が流通するようになった。

最初の帰結は、より寛大な考え方にたって、手形を割り引くことであった。以前はびた一文委ねられることのなかった人々が、このうえなく広範な信用を享受するに到るのである。実際、貨幣をどこに置いておけばよいのか分からなかった。誰もが貨幣をもっており、この財貨は毎日新たに到着する金によって増えていったのである。

ひとは金をより少なく見積もりはじめた。あらゆる商品の価格は上がった。以前は一で入手可能だったものが、今は二、五、十、五十もするようになった。しかし、もはや金の輸送が滞ることはなかった。汽船はもはや、ドイツとの交易問題を解決するには、十分とはいえなかった。汽船はアジア、リビア、エジプトの航路から引き抜かれ、ハンブルグの航路に投入されなければならなかった。すべて金を積んで戻った。

ひとは金を侮りはじめた。これまで鉄から造りだしていた物が、今は金から造られる。車輪、レール、長靴の汚れを落とす鉄製器具などが、金から造られた。通りに金でできた空の石油容器や蹄鉄などを見つけても、誰も拾い上げなかった。

金の仮面が剥がされ、金は無価値になった。

ロートシルト、汝はみじめな悪魔であり、汝の資産は金の上に築かれていたが、もはや誰もその代償に粗末な食事すら与えない。汝はヨブのごとく貧しい。汝はトルコのサルタンをもはや苦しめることはできない。彼は負債を利子付きで、複利で返してよこした。以前は汝の金を前にして汝の面前で塵のなかにぬかずき、貴族身分の汝を誉め称えていた同じ者たちが、もはや汝に敬意を払わず、汝はただの惨めな輩にすぎなくなる。

一号手形にたいしては、一覧後九十日で支払うことになっている。

商人は、常に適切な時期に金を調達できるように気を配ってきた。彼は救いとなるアイデアを求めて、眠れぬ長い夜を過ごしたが、無駄であった。九十日が過ぎ去ると、執行官が戸口の前に立った。現在は違う。九十日が過ぎても、以前のように不安感を抱いて、手形を取り出して見せるはずの集金係を待ち受けることはない。彼はいまや、十分な貨幣をもっている。待っても無駄であり、集金係はそもそもやってこないし、手形の所有者が手形を破り棄ててしまって、それを取り立てる価値もなくなってしまったのである。

「おい、バズレロ、この金庫を車で運んでくれないか。この大きな箱が邪魔なんだ。もって帰ってくれ。バズレロ、家で鶏小屋にでも使えるじゃないか」

「おはよう、お嬢さん。あなたの背中の瘤、あばた、金袋はどうしました。あなたの取り巻いていた崇拝者はどこに行ったのですか」「ありがとう、お隣さん。瘤もあばたもそのままですが、お金があばたのように無価値になったことで、私の取り巻きは消え失せました」

手形、借用書、株券、担保証券、抵当権、紙幣、賃貸契約書にあたるものは、すべて金を指しており、道端で見つけられるものである。

「あなたはどうですか、アストールさん。商売はお金になりますか」

「よくありません、お隣さん。全然仕事にならず、誰も金をほしがりません」

「まあ、あまり心配しすぎることはないですよ。わたしたちはまだ十分あなたを食べさせていくことができますから。どうぞ入って、わたしたちといっしょに食事しましょう。金が無価値になって以来、わたしたち労働者が以前より暮らし向きがずっと良くなり、時には楽しんだり、お客さんをもてなしたりできる境遇になったのは、奇妙なことです。アストールさん、あなたはこれまで金とおおいにかかわってきたのですから、いま工場がたくさん閉鎖されているにもかかわらず、どうして貧民が以前よりはるかに少なくなったのか、あなたにはきっと説明できると思います」

「お隣さん、喜んで説明しましょう。すばらしいスープのお礼として、事情を明確にお話ししましょう」

原罪

あなた方もきっとご存じのように、アダムとエヴァ、最初の人間は、悪魔に唆されて禁断の木の実に手を出し、罰として楽園から追放されるまで、楽園で暮らしていたのです。ここには楽園は再び見つからず、人類が苦しんでいる翼の欠如は、たとえば楽園が月にあり、人間がそこから追放されて地球に飛んできたと想定することを許さないので、実相は、神が人間を正面玄関から楽園追放したのではなく、神が楽園を現在の涙の谷に変え、この変化を盗まれた木の実に委ねた、と解されなければなりません。

そして事実、大いなる壮麗な創造を見回してみるなら、われわれの地球は楽園であり、ひとり人間だけがこの世を地獄に変えている、と確信することになります。

サタンは最初の人間たちに、禁断の木の実は奇跡を起こし、その所有者をこの世の支配者、主人にするだろう、とささやきました。

アダムはそれに従って、木の実をしっかりと保存します。しかし彼は、造られた唯一の人間として、支配者、独裁者でありながら、彼は何かイクチオサウルスのようなものがひょっとして一夜にして人間や競争相手に変わった場合に備えて、木の実を準備資本として掘り出したのです。しかし、それから何事も起こらず、臨終の時を迎えた時、彼は息子を呼び寄せて、木の実を手渡し、その価値を明かしました。

息子も木の実の謎に満ちた力を試す機会が一度もなく、その相続人にもありませんでした。それで、木の実とその秘密は何百年もの間、一人たりとも木の実の本当の力を試すことができないまま、相続されていきました。

人間はそのころとても幸福に暮らしており、楽園から追放されたことを思い出すことはありませんでした。貧しい人々がいないので、金持ちもいませんでした。そして、金持ちがいないので、うらやましく思う気持ちもなく、妬む人々もいませんでした。どの人もすでにもっていないものが何もなかったので、泥棒などまったくいませんでした。ですから、看守のことは誰も知らず、必要もなかったように、警官もいませんでした。監獄もなく、犯罪者の集団もいませんでした。そして最近まで、すなわち金の大発見までは、何百万人もの人々が悪者を捕まえ、見張り、有罪判決を下し、縛り首にするために、額に汗して働かなければならなかったのにひきかえ、当時はこうした人々が他の役に立つ仕事に打ち込むことができたのです。前にも言ったように、人々は素敵な楽しい生活を送っていました。人々が開く大きな集まりでは、軍事的な議案や社会主義者鎮圧法で興奮するようなことはなく、大きな祭りや狩猟隊のような催しのことが話し合われました。

かつてはこのような狩猟隊がみごとな獲物をもって帰り、女たちが獲物をおいしく料理するのに熱中している傍らで、男たちが大きな火を囲み、狩りでの出来事について歓談していました。

そうです。アベルはこう言ったのです。「またすばらしい日々がめぐってきている。これまでに石のようにこちこちになって、父親から保管しておくように渡された、楽園からの永劫の追放という罰を下されたこの木の実は、悩みの種にはなっていないけれども、そもそもこれは、わが大地が与えることのできるものよりすばらしいものなのかどうか、疑わしい」

他の人から、その木の実は実際どんなものなのか問われて、ちょっと取り出して見せると、「そんなもので思い悩んでいるなら、どこかに捨ててしまいなさい。なぜそんなくだらないものを後生大事にしまいこんでいるのですか」と言われる。

「いや、捨ててしまいたくはないんだ」とアベルは言います。「だから用心することにしよう。この石には本当に奇跡のような不思議な力があるんだ」と彼は言いながら、帯から大量の丸い薄片の入った小袋を引き出しました。その両側には、次のような文字が刻印されていました。「この石を所有する者は、地上にあるすべてを手に入れる。およそそれになびいたり、へつらう者はすべて、その者に隷属する」

「それはたしかに、このうえなく変わった石ですね」と別の者が言いました。「あなたはこの刻印をどう説明するのですか、アベル」

「まったく簡単なことさ。世界は石の所有者である私のものなのさ。私は主人で、他のすべての人間、だから友よ、君も私に従順に従うのさ。でも、いつこんなことが可能になるんだろう」

「本当のことを言うと、私もそんなことは信じていないんだ。この木の実が私にどうやって無花果を要求する権利を与えられるのか、わが同胞にたいしてはその権利がどれほど弱まるのか、私には分からないんだ。眉唾ものだと思っているのさ」

「わたしたちも」と男たちが言い、そうこうしているうちに女たちが食事の用意を整えたので、皆が火を取り囲んで座り、格別おいしい熊のもも肉を取り分けてもらいました。底抜けに陽気になって、しまいにはみんな小屋に戻り、眠りが仲間全体を包み込みました。一人だけ、眠れない者がいました。カインはアベルの石のことが頭から離れず、刻印のせいで休まることがありませんでした。彼は思いました。「なんといっても、一人で大地のすべてを所有するというのは、あまりにもすばらしいことだ。それに他の者が私の靴を磨かねばならないとしたら、どうだろう」。彼は他方で考えます。「だが、なにしろアベルが石を所有しているんだから、結局は彼が私に、自由人である私に、しもべとして仕えることを強いることができるのだ」

こう考えていると耐えられなくなり、彼は石を不当に我が物とすることを決心しました。それは重いものではありませんでした。というのも、アベルはその小袋を彼の幕屋の前の木の枝にいつも吊るしていたからです。彼は忍び足で近づき、袋を奪い取りました。

これは、人間が犯した最初の盗みでした。

翌朝、アベルは袋がないことに気づき、それをカインの持ち物のなかに見つけると、彼に返すように求めました。カインは返すのを拒み、アベルがあくまでも要求すると、棍棒を振り上げ、アベルを殴り殺し、森のなかに逃げ込みました。

このようにして、最初の盗みと最初の殺人が起こりました。どちらも楽園の木の実をめぐって引き起こされたのです。

いまやカインは、他の男たちに追われ、捕らえられ、リンチにかけられました。彼らは袋をとり戻したのですが、アベルが死んでしまっていて、袋をどうしたらよいか分からなかったので、最後には中身を山分けすることにしました。

それとともに、男たちは二つのグループに分かれて反目し、お互いに宣戦布告する事態になってしまいました。

そのようにして、楽園の禁断の木の実が元となった、最初の戦いが起こりました。

人間の目には、いまや木の実が現実的な値打ちをもったように映りました。というのも、それらのためにカインはアベルを殴り殺し、それらのために人間は率先して戦うことになったからです。

それゆえ、木の実は実際に、刻印が語っていた価値をもたずにはいませんでした。

いまや誰もが、悪だくみや暴力をとおして、できる限り多くの石を手に入れようとしていました。以前は他人の所有欲を刺激するようなものは誰も所有しておらず、その結果、他人の目から隠しておかなければならないものもなかったのに、今は石の所有者はどうやったら石を守ることができるのか、あれこれ思い悩むことになりました。

彼らはより頑丈な家を建てて、その周りに防護柵を築き、その先っぽを尖らせました。野生動物を飼い馴らし、近づいた者をずたずたに引き裂くように仕込みました。以前はよそ者は誰でも歓迎され、不信の目を向けられることもなく歓待されたものでしたが、今はその子孫のなかに、石を奪おうとしたカインの姿を見たのです。

それまでは狩りや祭りのためにだけ集まっていた人間たちが、今は略奪行の計画を練ったりそれを防ぐために集まりました。

それまでは純粋な物々交換が続いており、必要な物はほぼその場で見つけなければならなかったので、当然、交易もかなり限られたものでした。

しかし今は、突然変化が生じました。楽園の木の実、もしくはこれからはそれをそう呼ぼうと思っている、金とともに、品物は市場に持ち込まれますが、その需要が供給によって満たされることは決してありませんでした。誰もができるだけ多くの金をもちたいと思い、それが求められれば求められるほど、単純な人間の幻想のなかで、その価値は高まりました。

誰も金を手放したいとは思わず、困窮に陥ったり、激情に駆られた場合にしか、引き渡す気にはなりませんでした。

一つの木の実にたいしては、もう一つの木の実、一匹の動物、一枚の無花果の葉で十分でしたが、このような品物は、その代わりに金貨を与えるほど購買意欲を刺激することは決してできなくなりました。

このような購買意欲を高め、金の所有者に金を引き渡す気にさせるために、以前は思いも寄らなかったことを人間は思いつきました。　農民は、美しくて気持ちをそそる木の実を手に入れるために、畑に堆肥をやり、運河を引き、牧草地を灌漑しました。職人は、色とりどりに塗ることで、製品を魅力的なものにするように努めました。商人は外国をまきこみ、多彩な商品を求めて、荒れ地を旅して回り、海を渡りました。童話作家は身の毛のよだつような話を創作し、司祭長は羊飼いたちに、いつもの木の実や葡萄ではなく金貨を神に捧げる気にさせるために、地獄をでっち上げ、捧げ物をなかなかもってこようとしない者たちにたいして、それをぞっとするような色彩で描き出して見せました。

金によって、あらゆることを始めることができ、あらゆるものを買うことができました。そしてそれまでは決して売り渡されることのなかったもの、人間の名誉心も金の絶大な力の前に屈伏しました。

金を愛するあまり、盗賊は隠れ家に身をひそめ、雨や雪をものともせず、旅人を見つけては殺し、持ち物を奪い取りました。

金を愛するあまり、自らの自由を放棄し、奴隷や農奴として自らを売り渡す者もいました。奴隷を買った者は、自分の奴隷たちを訓練し、武器をもたせて、どうやって左右に回るかを教え、隣国への略奪行に伴いました。

そのように、いまや人間は不安と喧騒のうちに生き、楽園の木の実の刻印は真実であることが判明し、金が世界を支配していましたが、大地はもはやまったく楽園ではなくなってしまいました。

アダムの不服従は、原罪であるとはっきり感じられるようになります。

すべての物事には光と影の部分があるように、金の導入にも良い面がありました。

金は人間のなかに所有欲を育て、これがご存知のように、人間の最も強力な原動力になっています。

以前は、貯蔵しても傷むというだけの理由から、次の収穫まで必要となる以上のものを蓄えようと考える人間はいませんでしたが、今は、決して傷まず、それをもっていればいつでもあらゆるものと交換できる金に価値が見いだされ、この価値が、他の木の実のように日々低くなっていく代わりに、人間の幻想のなかで日々高まっていったのです。

それがなくてもなんとか済ませることのできたあらゆるものが、金と交換され、総じて人の資産は金の価値にのみしたがって算出されるようになりました。

この世間一般の金への欲求は、金の価値を途方もないところまで膨らませました。誰も金を渡さなければ売らず、そもそも金がなければもはや誰も折り合うことはありませんでした。航海士は金を要求し、司祭長も金を要求し、学校教師でさえ金を渡さなければストライキをしかねませんでした。

以前は、若い農夫が自分の家を建てたいと思ったら、喜んで小麦を貸してくれる人が常に見つかりました。利子を要求する人はいませんでした。というのも、貸した小麦が収穫後に新鮮な状態で量も減らずに返済されるのは得である、と思われていたからです。もし小麦を穀物倉に貯蔵しておいたら、鼠に喰われたり、外気の作用で、小麦は相当減ってしまったことでしょう。

しかし今は、もはやそうではありません。農民は別の仕方で計算します。彼は金と引き換えに小麦を売り、一年後にまた小麦が必要になると、金で、新鮮で量も減っていない小麦を手に入れることができるのです。

したがって、彼にはもはや、若い入植者に小麦を貸しても、いっさい**利益**がありません。今は貸したものにたいして、返済を超えたものを要求します。若い入植者は、今は利子として、一ツェントナーにつき十プフント多く返済しなければなりません。農民には、今は以前と比べて倍の利益があります。彼の貯蔵した小麦はもはや時の経過とともに減ることはなく、おまけに、相手が彼に利子を提供するのです。

その結果、彼の資産は異常に増殖します。彼はじきに、もはや働く必要がなくなります。貸し出された小麦（もしくは金）は彼に、彼が消費するよりずっと多くの利子をもたらすのです。彼は金利生活者となりますが、**それは金の導入のおかげなのです。**

若い入植者たちは、いまや生活が厳しいものになることに、驚きを禁じ得ません。彼らは利子を払うために、以前よりもずっと多く働かなくてはなりません。利子の支払いを免れるためには、災難、不作しか手がありません。いまや利子は複利で計算されます。そして、利子が積み上がれば積み上がるほど、入植者たちはたくさん働かなければならず、たくさん働けば働くほど、彼らは借金の泥沼にはまりこみます。なぜなら、過度な労働は過剰生産をまねき、それが物価をおし下げ、金利生活者にとっては、必需品に前より金を使わなくて済むようになることによって、ことが好都合に運ぶからです。

金利生活者は、いまやありとあらゆる贅沢を許されています。彼は、大勢の召使い、つまりは零落した農民の息子たちをかかえます。義務を守らない農民たちは、借金の返済のために、金利生活者のもとで苦役に服さなければなりません。金利生活者は、農民たちに自分の所有地を改良させたり、道を造らせたり、運河を引かせたりし、それによって彼の所有地の価値が増せば増すほど、農民たちの農地は、苦役が彼ら自身の所有地から労働力を奪いとったせいで、ますます荒廃します。農民はもはややり繰りがきかなくなり、彼の農地は競売に付されます。唯一考えられる買い手は金利生活者しかおらず、農民がひきつづき農地に住み続けることを望むなら、金利生活者は農民に代償として賃貸料を要求することになります。農民は賃金労働者になってしまい、金利生活者の慈悲にすがるしかなくなるのです。

農民は、以前は重労働の際にも、自らの精神的な成長に気を配るべきでしたが、今はもうそんな時間はいっさいありません。不安と労働は、農民の肉体的能力とともに精神的能力も衰えさせ、農民は責任能力のない愚か者、動物と人間の中間の存在に成り下がってしまうのです。一方、精神を陶冶するための時間も金も暇ももてあましている金利生活者は、自分たちのために非常に良く役立ってくれる金融システムを抜かりなく構築することに、新たに専念するようになります。

ここでアストール氏は言った。「見てみなさい、楽園の木の実が何をもたらしたかを、それが人間のうちにいかに悲惨と困窮をまきちらしたかを、そして洗礼はこの原罪から人間を解放するには決して十分ではなかったことを。

ここの小さな範囲で起こっていることは、同じように全世界的な大きな範囲で、また産業においてより大きなスケールで、起こっています。というのも、職人や都市生活者は、食料の備蓄がないので、その日その日の食べ物の心配がもっと早く訪れて、どんな抵抗もくじいてしまうという事情ひとつとっても、いとも簡単に搾取の犠牲になってしまうからです。

愛する友よ、すべての貧窮が終焉を迎えさせられたのは、実際、至高の時でした。そして、私には、ゼムジの山がまだ頃合いよく開いていなかったならば、原罪、以前の貨幣制度を人間がどのような断崖で支えることになっていたかは、分かりません。

いまやあなたたちは、どうして勤勉な労働者が、それにもかかわらず永遠に貧窮のなかで生きねばならず、しまいにはそのなかで死んでいくようなはめに陥ったのか、気づいています。金、楽園の木の実、原罪が借金を弁済し、あなたたちがいま洗礼によってそれから解放されているなら、あなたたちはシュニュッフラー博士のおかげを被っています。悪魔の長であるベルゼブブによって、彼は悪魔を追い払ったのです」

「アストールさん、わたしたちに説明してくださって、本当にありがとうございます。実情はほぼ飲み込めましたが、では新たな財政計画についてはどうなんでしょうか。金は紙に置き換えられることになっている、というもっぱらの噂です。わたしたち労働者はかなり良い暮らし向きで、少なくとも以前よりはずっと暮らしやすくなっていますが、金がなくなれば、そういつまでもうまくはいかないだろう、と見ています」

「他国に存在するような形態の紙幣発行にかんする財政計画は、国民がなしうるあらゆることのなかでも最大の愚行でしょう」とアストール氏は言います。

「いまは働いていて、豊かな暮らしをしている人は皆、負債を抱えていませんし、何もしていない人、まったく何もしていない人はまた、何ももつべきではありません。計画されているような形態の新たな紙幣が導入されると、一世代とかからず、まさにわたしたちが、ゼムジの山の発見以前のような腐敗した状況に陥るでしょう。十年とたたず、今日どうやって飢えを満たしたらよいか分からないでいる破産した億万長者である私が、再び銀行業務の先頭にたち、一億の資産を有している姿が見られることになると、請け合います。

しかし、何百万といえども、もはや私の気をそそることはありません。貧しい人々が、幸せは他のやり方で探すものであることを、教えてくれました。私は、**実践的な哲学者**になりました。私は、財産は人を幸せにしない、という洞察を得ました。それにすすんで白状しますが、以前は何百万もの財産をもっていたにもかかわらず、その富が私に二つのベットと椅子を使い、十枚のビーフステーキを食べることを許したとしても、私は一つのベットでしか眠れず、一つの椅子にしか腰掛けられず、一枚のビーフステーキしか食べられなかったことでしょう。あなたの親切心あふれる奥さんが私にふるまってくださったスープは、とにかく私が生涯で本当に満足感をおぼえながら味わった初めての食べ物であり、何百万も蓄える味など、ここの作法のよい高潔な家族の食卓で、この薬味のきいた食欲をそそる煮込みをいただくという本当の喜びに比べれば、足元にも及ばない、と私が言うのは、まったく本当のことです。私はいま、富を以前高く評価していたのと同じくらい憎んでいます。そして富に必然的にともなうひどい幻滅から他の人々を救うために、私がすでに長いこと心に温めており、徹底的に考え抜いた後で大臣に提出するつもりの財政計画を、説明しましょう。

その計画は紙幣のことも扱っていますが、それはいままで他国で流通していたものと本質的に異なる紙幣です。**その紙幣は、貨幣の良い目的を完璧によりよく満たし、その短所を回避するものです。**

しかし、私があなたたちに自分でその計画を説明する前に、あなたたちが正しく理解できるように多少の準備しておくことが必要でしょうから、前置きとしてそれにかんするちょっとした物語をお話ししておきます」

田舎教師が導く

再び一つの危機が乗り越えられたところです。かの金融危機は、ここ何十年間ほぼあらゆる国々でかなり規則的に繰り返されていますが、それは以下のところにその単純でまったく当然の原因があります。

（1）金利制度によって、資本が不自然に集積し、しかもその集積の程度は、この資本に相応する債務にたいして、最善の意図と最も集中した労働にもかかわらず、利子をつけることができる者ももはや利子をつけなくなり、結果として債務者の破産にまで到るものとなること。

（2）個々人の手のなかに資本が集積することによって、人間の活動がまちがったコース、たとえば大邸宅の建築、贅沢品の製造のような方向に向けられること。

通常このような危機に際して生じるように、多数の人々が失業したり儲けがなくなったりして、移住しなければなりませんでした。したがって、これまでその存在が直接間接に倒産した贅沢品製造工場のおかげを被っていた田舎町全体も、移住を強いられました。人々は口々に「団結は力なり」と言い、団結してともに海を越えて植民地を築くことを決意することによって、それを行動に移しました。

ですから、すべての職人の仕事は代わりに誰かがやり、農業技術者にも事欠きませんでした。田舎教師が地図を片手に、荒野のまっただなかで、彼の考えによれば卓越した要素からなる植民地の繁栄のためのあらゆる条件が統合される場所を選び出し、まっすぐにその地点へ向かいました。長くてつらい旅の後、沼地、刺の多い藪、密集した原生林を何日もかけて通り抜けた後、ついに皆は教師によって選び出された場所に無事たどり着き、その男は思い違いしていたのではないことが実際に分かります。実際、これ以上よい場所が選ばれることはあり得ず、元気よく仕事にとりかかります。初めのうちは、おのおのが自分の家を完成させるまで、皆がともに共同責任で働くべきこと、その間は皆から慎重で思慮深い男であると評価されている田舎教師の指示にすべて従うことが、取り決められました。

そうして、田舎教師が入植者個々人の特性と気候条件と生活環境を同時に考慮に入れた計画をすぐに作成して、全員一致で承認されました。田舎教師の賢明な決定と皆が共同作業に加わる際に有していた新鮮な気分のおかげで、仕事は急速に進み、比較的短時間ですべての家屋が完成しました。

他のすべての建物が堂々と立ち並んでいるなか、村落の中心にシンボルとして、学校がそびえ立ちました。学校は公共的な団体の中心点、心臓をなすべきであり、学校の育成、若者の教育は片時も忘れられるべきではなく、学校はつねに最も重要な施設とみなされ、評価されるべきだからです。

学校の周りに職人の家屋があり、さらにその周囲に農民の農場がありました。

誰もがすべての建物に魅了され、籤でおのおのの住居を割り当てられた後は、おのおのが自らの望みにしたがってやりくりして、その日からの共同作業をやめました。

それまでは、実際上、入植地で貨幣がまったく流通していないことに、注目する者はいませんでした。というのも、教師の勧めで最後に通過した小都市に行き、最後のヘラーが手工具、種子と交換されていましたし、共同作業をしている間は、誰もお金のことなど考えなかったからです。しかしいまは、貨幣がないことが切実な問題と感じられてきました。ほしい物は交換をとおして手に入れられましたが、それには多くの労力と時間の損失がともないました。不都合をなんとかするために、田舎教師は、品物を交換したい者が全員決められた日に決められた場所に集まることを提案しました。このやり方で、あちこち聞いて回ることが避けられるようになり、新しい市のたつ日は皆に好意的に迎えられました。

しかしこの方策も、時の経過とともに満足のいくものではなくなっていきました。交換のさいに正確な値踏みや差引勘定ができなくなったことで、日々小さな軋轢が生じるようになりました。いさかいは入植者たちの温和な性格のおかげでたいしたことにはならず、教師によってつねにたやすく仲裁されましたが、皆一致して、このままではいつまでもうまくいくはずはなく、貨幣がないととても困ることになる、と思いました。

そのような状態が続いたので、ある日教師は住民全員を呼び集めて、言いました。

「君たちは毎日、貨幣がないことに苦情を述べています。しかもそのうえ、不都合をなんとかするために、余所から借り入れることを異口同音に助言してくれさえします。

では、事態はそんなに悪いのですか。君たちは自分たちの置かれている状況に満足していないのですか。故郷では大地も豊穣で、君たちも労働意欲があり勤勉であったにもかかわらず、なぜわれわれが愛する故郷を離れたのか、忘れてしまったのですか。反面、あそこには、貨幣への欲求がありました。われわれはもうここに来てかなりになりますが、まだ盗みはなく、重大ないさかいがわれわれの平穏を乱すこともありません。なるほど誰も金持ちにはなっていませんが、誰も貧乏にもなっていません。われわれには主人はいませんし、どこを探しても従者もいません。もしわれわれが金、それもとりわけ余所の金を引き入れたら、このままでいられると思いますか。

君たちもこのままではいられないと思うとは言いますが、それでもなお君たちの要求を押し通そうとします。こうなった以上は、私は君たちにある提案をしようと思います。望むらくは、それが君たちを満足させ、君たちの金への欲求を満たしてくれれば良いのですが。

私は、われわれが大きな市場用のホールを建てて、そこにおのおのが自分の商品をもちこみ、管理人が引き渡された品物にかんする証明書を発行することを、提案します。この証明書は、われわれが綿密に仕上げるつもりの料金表にしたがってその商品の価値を定めることになり、たとえば百キロの小麦をもちこんだ者は十ターレルの証明書を受けとることになります。この証明書によって、その人はそれからいつでも百キロの小麦を買い戻すことも、料金表の価格にしたがって他の商品を買うこともできます。その証明書は所有者の名義になり、それゆえ、第三者に譲ることもできます。この方法で、君たちは、そうです、貨幣をもつことができ、余所からの借り入れに金利を払うコストを節約することができるのです。

本当のことを言えば、私にとっては、あなたたちが今までのように貨幣なしでなんとかやっていける方がよいのですが。私の目には、故郷の悲惨さがまざまざと浮かんできます。しかし、君たちが悪は避けられないと言うなら、われわれは二つのうちでより悪の少ない方を選びたいと思いますし、この提案と借り入れなら、選ぶのもそう難しくないでしょう。われわれにはことの先行きが読めるでしょうし、私の陰鬱な予感が真実であることが明らかとなる定めならば、いずれわれわれ自身の仕事を御破算にして、古くから正しいことが実証されている物々交換に立ち戻ることも、可能となるでしょう」

教師の演説は、故郷で耐え抜いた困窮の記憶が鮮明に生きていた聴衆に強烈な印象を与えたので、彼らはその拒絶に身を挺する覚悟でいました。しかし、貨幣流通の利益を享受したい望みがあまりにも強く、大多数は貨幣と貧窮の関係を十分理解していなかったので、結局大半の者が教師の提案に賛成票を投じました。

市場用のホールはすぐに完成し、料金表もほぼ満足なものに仕上がり、すぐにホールは勤勉な全住民が造り出せるかぎりの物品でいっぱいになりました。

教師は、貨幣の役目を果たすはずの市場証明書を仕上げることを引き受け、それが表すはずの物質的価値に加えて、さらに芸術的価値をそれに添えることに尽力しました。

片面の真ん中にはその価値を示す数字、左側には鳥に喰い尽くされる哀れな罪人が吊るされている絞首台、右側には武器を手にしてストライキをして飢えている労働者を静まらせようとしている警察隊が、描かれていました。

裏面には、大きくて立派な広間が描かれていました。豪華なテーブルをかこんで上流社会の人々が腰掛け、一方ではかいがいしい召使がその人々の密やかな願望を満たそうと努めていました。地下室の窓からは、料理人が額に汗して料理を運んでくるのが見え、一方では表玄関からまさに粗野な下男が棒のようになった乞食を敷石に投げつけようとしていました。

こうした挿絵が、表面では次のような文字を縁取っていました。「この証明書を所有する者は誰でも、大いに尊敬される品行方正な主人であり、その人の前では誰もが帽子を脱がなければならない。証明書を所有していない者は皆ろくでなしであり、誰もがその者を踏みつけにする権利を有しており、万一その者が厚かましくもそのことについて苦情を言おうものなら、警察が即座にその者を投獄することになろう」。裏面には、次の文字が刻まれていました。「この証明書を千枚所有する者は、それにより毎年五千マルクの年金を受け取る権利を獲得する。国家はその者に、個人的に奉仕させるために二十人の男を提供し、財布のなかに証明書をもたずに白昼通りで見つかった者のなかから、その男たちを選び出すだろう」

入植者たちは教師の風変わりなおふざけを笑い飛ばし、自分たちのなかに優れた絵描きがいることをうれしく思いました。最も賢い者には良くないことの前触れだと思われたこの不気味な刻印にもかかわらず、誰もが証明書を熱心に求め、それをできる限り多く所有することが幸せだと感じました。

実際、新たな貨幣はかなり順調で、仕事はスムーズに時間のロスもなく進み、以前にはよくあった軋轢も完全になくなりました。料金表はこれ以上望めないほど公正に仕上げられ、誰もが自らの労働の産物とひきかえに同じくらい多くの市場証明書を手に入れ、貨幣の導入後にすべてが悪化するという教師の予言は実現しないかに見えました。

六カ月間は完全にうまくいっており、教師が予測したよりもずっと順調でしたが、ある日、市場用ホールの管理人がひどく狼狽して、教師のところにやってきました。「先生、私の在庫目録が実態と合っていません。発行された証明書にたいして三パーセント以上不足しています。われわれのなかに、ペテン師がいるにちがいありません」

「ほら、言ったとおりだろう。呪われた貨幣によってこういうことになったんだ！」と教師は言いました。「いまとなっては、私が予感し警告しつつ証明書に描いた絞首台を建てるのがよかろう。でも、まずはよく調べてみよう。告発する前に、点検してみよう」

そして、二人でホールに赴きました。管理人は教師がまずドアと錠前をよく調べると思っていましたが、いぶかしいことに、教師は隅の方を忍び足で歩き、床板を綿密に調べていました。鼠の巣穴の前で立ち止まったまま、教師は尋ねました。「見たところ、君はここでずいぶん多くの鼠を飼っているようだね」「はあ」と管理人は答えました。「そいつには事欠きません」「君はどう思う。この生き物はここで何をしているのかな。やつらはむさぼり喰い、その数が多ければ大量に喰い尽くすことになる。鼠が、君が性急に告発しようとしていたペテン師なんだよ」

「鼠どものことは私もよく考えてみましたが、やつらがこんなに大量に喰い尽くすことはあり得ないので、誰かが鼠どもに力を貸したにちがいありません」

「甲虫や蠅、それに毎日ゴミとなって投げ捨てられるもののことを、君は考えていないだろう」

「たしかに。しかし、それを全部合わせてもこんなに大量にはなりません」

「しかし、外気のことを君は忘れているだろう。酸素の破壊的な作用、齧歯類の歯より破壊的な時の歯のことを」

「たしかに酸素のことは考えていなかった」。管理人は心が軽くなったように叫びました。「酸素が不足分の原因だ」

「しかし、不足分を弁済し、同じことが今後繰り返されるのを防ぐために、われわれはいったいどうしたらよいのでしょうか」

「そのことについては後で語るとして、さしあたって在庫目録を詳細に点検するために、この機会を利用しよう。ここに単価十マルクのものが十足、ちょうど百マルクの編み上げ靴があるね。ここのところを鼠が喰いやぶり、あれは折れ曲がっていて、あそこは全面に黴がはえている。これらの編み上げ靴にかんしては、もともとの価値を記入することはできないね。九・五〇、全部で九十五マルクと記入しなさい」

「でもそれでは、不足分はさらに増えてしまいます」

「たしかにそうだが、とりあえずそれは避けられないね。この鋤は在庫目録から完全に削っていいよ。鍛冶屋がもっといい型のやつを考え出したし、もっといいのがあるなら、もう誰もそれを欲しがらないからね」

そうやって教師は在庫目録全体に丹念に目をとおし、仕事が終わった後で、彼らは全体で五パーセント以上を目録から消さなければならず、**それゆえ証明書の五パーセント以上が補償なしで流通していたこと**を、見て取りました。

こうした不都合な事実にたいして、即座に、そしてできればこのような不足分が繰り返し出ることを防止できるやり方で、対策が講じられなければなりませんでした。

事態はそう簡単ではありませんでした。

故郷ではむろん、このような不足分のことを心配する者はいませんでした。公債と品物は返済されました。しかし、われらが教師には、あたかも父親が息子から借りるかのように、公共機関全体が私人にたいして債務者の立場に立ってしまうという理由ひとつとってみても、公債を嫌う理由がありました。

「おまけに、公債は金利を必要とし、金利は税金を必要とする。どちらも、われわれのような小さな共和政体においては、未知の重大事だ。

しかし、不足分を補うためには、どうしたらよいだろうか。金利‐税を徴収する。だが、誰からか。入植者全員からか。

いや、それは正しくない。なぜなら、われわれのうちには、市場用ホールをまったく使っておらず、市場証明書を一枚ももっていないため、市場用ホールにも関与していない多くの者がいるからだ」

「そうか」。教師は言った。「分かったぞ。閃いた」。そして実際、教師にはある考え、救いとなる考えが浮かんだのでした。

集会

不毛の荒野にアザミを見つけたときにロバが喜ぶように、教師はその考え、発見に喜びました。

「万歳、いまやわれわれは紙幣によって絞首台をなくすことができる。なぜなら、われわれはもう泥棒を処刑しなくて済むからだ。

労働者を乱暴に扱う警官から制服をはぎ取ることができる。なぜなら、市民が貨幣への愛着から同胞を責め苛む方向へ向かわされるという危険が防止されるからである。従僕や乞食のいる不快きわまる豪華な宴会を、われわれは楽しげな祝祭に変え、その際には、緑の草原で皆がともにその美しい世界の贅沢な贈り物を楽しむことになるだろう」

この男はよく眠れず、自分の計画のせいで、寸時の休息もとれませんでした。

翌朝は、自分の計画を演題としてとりあげるつもりの大きな集会に入植者全員を自分で招くために、なおさら早くから忙しく立ち働きました。

入植者の方も決められた時間にきっかりやって来て、教師は席について、大意次のような演説をはじめました。

「親愛なる友人、同志諸君！　私は状況からして、重大な財政改革のために、諸君をこの集会に緊急に招集する必要があると思ったのですが、諸君の方も私の招きに全員揃って応じてくださって、喜びにたえません。心からお礼申し上げます。

われわれの市場用ホールのバランスシートは、五パーセントの不足分があることを示しており、言い換えれば、われわれの市場証明書の五パーセントは補償を欠いた状態になっています。現在の不足分を補償し、将来のそれを予防するために、何をすべきかがここで問われています。市場用ホールを徹底的に点検することで、ここにお集まりの皆さんもそうだと思いますが、私はここには泥棒はおらず、管理人の側の怠業もないことを確信しました。つまり、損失はもっぱら自然的要素の仕業で、遅かれ早かれすべてが犠牲になります。今後も、この損失は避けられません。年の終わりには、多かれ少なかれかなりの損失を計上しなければなりません。その補償のために、われわれは何をすべきなのでしょうか。

われわれは広く一般に税を徴収すべきなのでしょうか。

市場用ホールの利点が全員に等しく活用されているわけではないことひとつとってみても、これは正しいことではないでしょう。

われわれが税金によって不足分の穴埋めをすると、われわれはそのことによって、現在のように商品在庫全体の五パーセントが失われるのではなく、将来火事や洪水などが起こった際にも、証明書の所有者が引き合いに出すことになるであろう前例をつくってしまうことになります。その場合にも、同じように全員から税を徴収することによって証明書の補償がなされることが要求されることになるでしょう。

諸君が昔の故郷で受け継いできた権利観からすれば、これは正しいことでしょう。しかしながら、多くの者が火災による損害に関心をもっていないこと、たとえば友人のシュペクフェクトのように自分の手で建てて修繕できるものに自らの欲求を限定し、市場用ホール全体にはまだ目もくれない人々から免焼金を徴収することは、正しいことではないことを、認めないわけにはいきません。

われわれの貨幣は、市場用ホールに貯蔵されている商品の代理を務めています。おのおのの証明書は、何キロもある肉、パンなどのどれかと同等の価値をもっています。錆、破損、腐敗によって品物が駄目になれば、その代理をしている証明書も同じだけ損なわれざるを得ません。証明書が損なわれないとするなら、それはもはや代理ではなく、瓶の中身を実際よりも多く表示する偽のラベルにすぎません。

われわれはいま、一万ターレルの証明書を流通させていますが、それは正確に同じ価値の商品在庫と一致したものでなければならないでしょう。

しかし、この商品在庫は、われわれのバランスシートが証明しているように、年に平均五パーセント失われます。それゆえ、流通している貨幣も同じだけ失われなければなりません。これは明白なことです。というのも、流通している貨幣がその価値を保持し続け、一方で貨幣が市場用ホールで代理を務めている品物が日々価値を減じていくなら、当然のことながら不足分が露わとなり、われわれの貨幣はその際、それが当然その運命をともに引き受けなければならないはずの、商品の代理としての性格を失うことになるだろうからです。いかなる商品も例外なく価値を減じるのとは違って、常に同じ価値を保ち、損なわれることのない貨幣は、商品の代理ではまったくなく、神の特権をまとったものであり、それは時の破壊的な作用を免れ、永遠に変わることなく、生産者の犠牲のもと、その保有者を自然的な損失から守るのです。それゆえ、このような貨幣の保有者は、自らにぞっとするような専制的権力を授ける道具を手中にすることになります。そのことを諸君に明確に分かっていただくためには、ただ単に次のような場合、つまり誰かがなんらかの仕方で、たとえば特別によい収益や相続財産などによって、以前より大量のこうした証明書を手に入れることに成功し、この証明書を流通させないことを思いついた場合を、考えていただくだけで事足ります。その場合、すぐにも生じる結果はどのようなものでしょうか。市場用ホールの商品には、いっさい顧客がいなくなるでしょう。なぜなら購入するのに必要な貨幣を、誰ももっていないだろうからです。市場用ホールはいかなる商品の代金も回収できないので、誰もそれを買うことができず、売り物の商品の持ち主は証明書の所有者、大金持ちのところに行き、商品を差し出さざるを得なくなるでしょう。

以前より大量の証明書を自らの財産に加えることに成功する者には、その前提として投機的な頭脳が必要かもしれません。その種の人間は、物価を押し下げるために、有利な立場をその場では利用せず、大きな、切羽詰まった供給を利用します。そうです、この種の人間は必ずそうします。その者は好機の前髪をつかみ、きわめてわずかな金額で大量の商品を手に入れるでしょう。いまや、その男は再び貨幣を流通させます。市場用ホールの商品はその間に傷んでしまうので、買い手は大金持ち、つまり現在の商品の所有者を頼らざるを得なくなり、金持ちは再び顕著な物価騰貴のために大きな需要を利用するでしょうし、それにより、その男は倍の量の流通貨幣を手に入れることになるでしょう。その男は、いまやこの駆け引きを規則正しく繰り返し、短時日のうちにすべての貨幣のただ一人の保有者になり果せるでしょう。

彼はわれわれの入植地の独裁者となり、彼の権力を、自らの富を絶え間なく増大させるために利用するでしょう。われわれの市場用ホールの料金表は死文化し、大金持ちがその価格を決めることになります。

彼は、自らの貨幣の価値を高めるために、物価を引き下げ、しまいには入植者が生計をたてられないところまで押し下げます。彼らは借金を背負い、彼らを助けられるのは銀行家だけなので、以後、銀行家の専横に服従させられます。この男の王笏は、皇帝ネロのものより重く諸君にのしかかります。

諸君に危険を実感していただくためには、この例だけで十分でしょう。それは、このような常に価値が変わらないままの貨幣に伴うものであり、われわれは誰もこうしたものを導入する必要はないのです。

貨幣は、われわれのところでは専制君主であってはならず、単に商品の代理、流通の困難を除くもの、物々交換の不便さを回避するための道具であるべきです。

常に価値が同じままにとどまる貨幣に反対するこうした理由は別としても、われわれはこうした貨幣が内にひどい不正を秘めていることを熟慮しなければなりません。

われわれは、市場用ホールの在庫品調査が年に十パーセントと見積もられる欠損を示しており、それゆえ年の終わりには発行された市場証明書の総額のほぼ十パーセントが補償されていない状態になっているのを、見てきました。もしわれわれが破産を宣言したくはなく、証明書がまだなんらかの価値を有するべきだというならば、この欠損分は補償されなければなりません。それは、全員から徴税することによって、もしくは徴税能力が尽きているならば、**われわれ自身の証明書の所有者から**の借り入れによってしか、可能とはならないでしょう。もし全員が市場用ホールを均等に利用しているなら、全員が均等に不足分に関与しているわけですから、全員から徴収する税もしくは借り入れはうってつけであり、それにたいして法的観点から抗弁権を主張することはできないでしょう。しかしこれは、あなた方全員が知っている事実とはまったく異なっています。

では、錆などによって商品が被った損害は、誰が負担しなければならないのでしょうか。**商品の所有者**であることは、明らかです。

商品は、それにたいしていかなる権利も義務も有さない者の所有物ではありません。**すると、商品の本来の所有者は、いったい誰なのでしょうか。**

証明書の所有者以外の何者でもありません。なぜなら、この証明書が商品にたいする権利を付与するからです。証明書をもっている者は、いつでも商品を手に入れられます。その者がもし商品を手に入れないなら、**商品の傷みが自己負担になる危険が生じます。したがって、われわれの不足分は証明書の所有者によって償われねばならないことは、明らかです。**これには、誰も異論を唱える余地はありません。しかしながら同様に、不足分が確定される年の終わりに証明書をたまたまもっていた人たちに、不足分の調整を要求することができないことも、明らかです。なぜなら、不足分は丸一年が経過するなかでかたちづくられ、証明書の所有者は彼らが財布のなかに証明書を所有していた時間に比例して不足分に関与するからです。

それゆえ、不足分を完全に公平に割り振りたいならば、われわれは市場証明書の形態を変えて、それに次のような形態を付与しなければなりません」

錆びる紙幣

教師は格別優れた演説者ではありませんでした。彼は紙に書かれたものを鼻にかかった声で一本調子に語り、一息ついて顔を上げると、聴衆が皆眠り込んでしまっていることに気づくのでした。

教師は、この重要な活動において善良な人々を煩わすには、温和すぎました。

「そして、われわれも彼らを眠らせておきましょう」とアストール氏は言った。「そして、実直な田舎教師が入植者たちに提案した貨幣制度は私のものに手本として役立つので、私はドイツの状況に留意しつつ、田舎教師の説明を継いで話を先に進めたいと思います」

田舎教師はあなたたちに貨幣の本質を説明してくれ、例を挙げて、いかなる貨幣も、それが金であれ、はたまた銀、確実な価値を有する紙であれ、それ自体、世界に存在するあらゆるもののなかでも最も理に適っておらず、最も不正な制度であることを、証明してくれました。彼はあなたたちに、貨幣の保有者が商品の本来の所有者であること、商品に訪れる運命はその者が負担すべきものであること、それゆえ貨幣の保有者は毎年の錆などによる損害を負担しなければならないことを、証明してくれました。固定された貨幣の場合には当てはまらないことですが、その者が損害を負担しなければ、国家の負担となり、国家が国家の収入から損害、不足分をその者に補償することになります。彼はそのことによってあなたたちに、流通しているマルクはすべて、国家の負担で保有者の有利になるように年に十パーセント、ちょうど十プフェニッヒの税を徴収し、おまけに金が内に秘めている利点のすべてを享受していることを、証明してくれました。

文明の高次の段階に立っていると自賛している国民のこのような貨幣制度が品位を傷つけるものであることは、おそらく言うまでもないことでしょう。

固定された不変の貨幣は人類が苦しんできた原罪であり、われわれはこの原罪を根底から洗い清めてしまいたいものです。

貨幣は商品の代理、通行証、運送状、値札であらねばならず、商品が錆びれば、代理もその結果に責任をもつべきです。つまり、それも錆びるべきなのです。

ですから私は、正当な論拠をもって、財務大臣に、新たに創設されるべき紙幣に以下の文言を書き込むことを提案するでしょう。

国立銀行は、一覧の上、保有者に支払います。

一八九某年	一月	一日	一〇〇、〇〇	マルク	六月	三十一日	九七、―
〃		二日	九九、九七	〃	一〇月	三十一日	九四、―
〃		三日	九九、九四	〃	十二月	三十一日	九〇、―
〃		三十一日	九九、一〇	〃	等		
〃	四月	三十一日	九八、五〇	〃	等		

すなわち、紙幣の価値は、年月の経過とともに継続して減少していきます。つまり、貨幣と交換することが定められている商品が時間の作用によって概ね毎年こうむる損失に、比例させるのです。この紙幣の発行とともに、概略以下のような法律が公布されるでしょう。

「従来の貨幣制度では、貨幣の保有者が公共団体の犠牲のもとで、貨幣の本来の目的に相応しない利点を享受していたが、今後は、この貨幣の利点は切り離されえないものとなり、本来的に貨幣の保有者ではなく、公共団体が手中にすべきものとなるので、われわれは税金によってこの貨幣保有者の特権を調整するように努めて、はじめて公正な立場に立つことになる。われわれはこの目的のために、その印刷が進行中で、その独特の仕組みが、最小の労働経費もなく、まさに正しい仕方で、税金の徴収を肩代わりしてしまう、紙幣を発行する」

「新しい証明書は、われわれ自身が鋳造した硬貨と交換され、この交換は月末に停止される。その間に、われわれは、われわれの鋳造された硬貨を金の価値を下げることによって通用できなくし、再び価値をもたせ、全般的な換金を軽減するという目的を追求する。それは換金が漸進的にのみ行なわれることが、平和と秩序を十全に理解しているならば、切実に必要とされるからである。それとともに、われわれの新たな貨幣制度が開拓する社会に奉仕する国家への移行が、さもなければ荒れ狂うことになる激情の不可避的な暴発によって、嫌悪感をもたれることも疑問視されることもなくなる」

「紙幣がもはや端数のない金額を表示しないという事態は、日々の商取引において、ことによると妨げとなるように感じられるかもしれないが、この不都合は、消費者にとっては、今後商品の価格がもはや数字の都合ではなく、その実際の価値にしたがって決定される、という千倍もの利点によって埋め合わされる。というのも、収入をプフェニッヒで計算する大多数の住民にとっては、品物に一マルク払おうが九十七プフェニッヒ払おうがまったくどうでもいいことであり、その利点にかぶさってくる小さな不便さは、すぐに忘れられるだろうからである」

「自明のことながら、小額貨幣も価値の減少を被らなければならないが、小額のプフェニッヒにかんしては、これが容易には貫徹できないので、われわれはこの小額紙幣を十組の別々の色で刷らせるという打開策を考え出した。この証明書は、印刷された五、十、五十プフェニッヒの価値を丸一年維持することになるが、年の終わりには、十組のうち一組の証明書が籤引きで決められ、そのような籤で選ばれた証明書の所有者は、補償請求権をもたずにそれを廃棄しなければならない。問題となっているのは小額のものだけなので、それによって誰もとりたてて言うほどの損害は被らないが、個々の場合には、この籤引きによって相当手痛い打撃を与えられることも起こりうるので、われわれはこれを小額の富籤と結びつけた。おのおのの籤引きに際して、ただ一つの番号だけが報奨を与えられ、より大量の籤引きで決められた証明書のリスクは、富籤の運によって調整される」

「われわれは決定する。

翌月の一日から
（1）国内では、誰もわれわれの紙幣以外の貨幣で、商品を売ってはならない。
（2）国内では、誰もわれわれの紙幣以外の貨幣に書かれている、貨幣による拘束を受けてはならない」

「国外で支払いをしなければならない者は誰でも、国立銀行でいつでもわれわれの紙幣を金と額面平価で交換することができる」

「なお、われわれは新たな貨幣制度がわが愛する祖国の繁栄を力強く後押しし、今日の社会状況の平和的解決にこの上なく有益な影響を及ぼすだろうというわれわれの確信を、この場で表明することをもって、直接間接に私的および共通の利害に深く食い込んでいるさまざまな貨幣改革の利害を討議することを、公の批評に委ねることにする。それとともに、この方法で各人にとってそれが明確に分かるものとなり、あらゆる信頼できる人間が改革の遂行において力のかぎりわれわれを支持する誘因とならんことを、アーメン」　ベルリン等

「これが」いまやアストール氏が言った。「貨幣改革の導入にかんする法律の文面の概略です。私

はこれからあなたたちに、それが全世界で引き起こす大変革のことを喜んで説明したいと思っているのですが、もう遅くなりました。そのうえ、出来事はすぐに新聞で報じられ、くどくどと論じられるでしょう。貨幣改革は多くの個人的利害に抵触することになるので、事実の荒っぽい差し替え、打算によるこじつけによって、改革をつまらないものに歪めてしまおうとする人物には事欠かないでしょう。彼らは足と頭をあべこべにするために天と地をひっくり返すでしょうが、無駄に終わります。

まあ、あなたたちはもう、どこに問題の核心があるのかお分かりでしょう。ですから、万一いったんそれをとり逃したとしても、偽りの迷路のなかで真実の糸を追い、再びそれを見つけ出すことは、あなたたちによってはそう困難ではないでしょう。

おやすみなさい、皆さん、手厚いおもてなしに心から感謝いたします」

「アストールさん、わたしたちに説明してくださって、こちらこそ感謝しなければなりません。おやすみなさい」

ここまで読者は、天使の忍耐をもって私についてきてくれたわけだが、読者はここで驚くべき事実、驚天動地の発見に向き合っているという印象を拭い去れないだろう。

ディオゲネスの賢明な忠告にもかかわらず、われわれ皆があらゆる触角を使って求めてきた金、光り輝く金は、われわれが考えていたようなものではないのである。

「借方と貸方」の裁判官の椅子の前に引き出されると、それは罪を白状した。それはぺてん師であることが暴かれ、悪党の烙印を押される。

誠実な人間は皆、社会から逃げ出し、それとの接触は恥辱となる。

太陽光線は、それが包み込まれていた靄を押し分けた。それは泥のなかから敷石の上に引き上げられた鰻のような姿で、われわれの眼前に置かれている。それは光を避けて暗黒の沼へそっと引き返そうとするが、無駄である。

読者がまったくとらわれなくこの小著を読み通し、最後になってはじめて読んだことの重要性がはっきり意識に昇るように、この発見を童話めいた物語の罪のない衣で包むことによって、読者に見いだされた真実を受け入れる準備をしてもらうことが、私の目的だった。

そうすることで、読者は、多くの者が望むべくもないことを期待することによって犯す失敗の手前で立ち止まらされたが、ここでは、全体の完全な理解のためには必要ではあるものの、事態の混乱した概念しか得られない、副次的状況は無視されている。

貨幣改革の論評

この小著の最初の章において、私は全能の金の本当の価値を暴こうと努力した。私はもっと手短に表現することもできただろう。私は、Aが4に等しければ、1000Aは4000に等しいが、決して0にはなり得ない、という代数学の原則を用いることもできただろう。われわれが流通している金貨の価値を4Xマルクで表すとするなら、40Xになるには10倍しなければならない。しかし、金の価値を0にするためには、大きな金塊を見つければ十分であるという事情は、金の本当の価値は0に等しいことを証明している。

第二章では、金がどうやってしだいに権力を握るのか、その導入以来それがどんな有害な影響力を行使してきたか、が語られている。

第三章では、今日の貨幣制度がいかに道理や法に反したものであるか、法治国家の貨幣制度がいかに品位を傷つけるものであるか、その内には生産者階級のどんな不公正な負担が隠されているか、が示されている。

私はその章で、流通状態にあるマルクに公共団体が保有者の有利になるように年に約十プフェニッヒの税を課しているという定理を立て、それを立証している。

貨幣の保有者が流通している商品の本当の所有者であることが証明され、最初に誰かが自分の製造した品物の売却をとおしてその所有者となり、代価としての貨幣を保有している間はそうであり続け、それとともに錆等による商品の価値の喪失は貨幣保有者の決算に反映されるはずであるが、今日の貨幣制度においてはそれは当てはまらない、という定理が立てられる。

このようにして今日の貨幣制度の不公正さ、愚かしさが証明され、正義の観点からのみならず、公共団体のさらなる強化のためにも、即時の貨幣改革にとりくむことが切望されることが詳述された後、私はその後に続くものの利点と影響をできるだけ手短に解明した。

われわれは、今日の貨幣制度は文明国の国民には相応しくないという原則で一致しており、正義の観点からいって、十パーセントの貨幣税が課されていることを否定する余地はない。

われわれ自身の見解と自家撞着を起こさないためには、われわれが即時の貨幣改革を逃れることは不可能である。第四章で論じられている計画が実行される。今日の硬貨は、そこで述べられた紙幣に置き換えられる。

国内では、もはや新たな紙幣しか流通しない。

この紙幣は、日々減価する。その結果はどうなるだろうか。

商人は日々軽くなっていく商品をかかえて、どうすればよいのだろうか。商人はそれをできるだけ早く売り払い、可能な限り早く資金を投資する。

証明書の所有者も、同じことをする。彼は労働者に以前は月給で払っていたならば、今は週払い、日払いにした方が、彼の利益に適うだろう。労働者は、その主人と同じ立場にある。労働者はパン焼職人に毎日支払いをし、現金で支払う。というのは、貨幣を財布に入れておくと、貨幣は減少していくだろうからである。パン焼職人は粉屋のところに走り、粉屋は辻馬車に乗って穀物商人のところに行き、穀物商人は電報局に急ぎ、銀行家に電信で貨幣を送る。そのようにして、短時間のうちに、貨幣は工場主、労働者、パン焼職人、粉屋、穀物商人の手を経て、出発点である銀行家のところまで行ってしまう。さもなければ、そのためには三カ月かかっていたところである。なぜなら、誰もなかなか紙幣を手放そうとせず、できるだけ長く自分の手許に置いていたからである。

貨幣は銀行家のもとにあらゆる方向から流れ込み、不確実な債権にもすばやく支払いがなされ、まだ数カ月は有効であるはずの手形も期限切れのずっと以前に現金化される。当然、今では現金で支払う方が好都合だからである。それゆえ、商人も現金で仕入れることができ、もはや信用貸しを要求する必要はなくなってしまった。

銀行家のもとには、八日以内に未回収金がすべて入金される。信用貸し、支払いの繰り延べにたいする需要は、まったく生じない。その金庫には紙幣が溢れかえっており、その価値は日々いくらか減少する。

どうすればよいのか。商品を買えばよいのか。それでも事態はまったく改善されない。土地を買おうか。次の日には、新聞に大きな広告が載る。「現金払いで土地買いたし、ヒルシュゾン」

売却の申し出は一件もない。不審の念に駆られて、彼は親しい地主に、いまはどうして土地の売却がこんなに少なくなってしまったのか問い合わせる。

地主は言う。「たしかにそうだが、いまいったい誰が土地を売ろうと思うかね。日々価値を失っていく品物と引き換えに、誰が自分の良い土地を提供しようとするかね。今日もはやいかなる信用も求められず、いかなる利子も支払われない貨幣で、何をしろというのかね。土地はもう売りに出ないよ。土地を売れるかどうかという問題は、十分長い間慎重に検討されてきたが、もう解決済みだ。土地は商売の対象じゃない。売り物じゃないんだ。ヒルシュゾンさん、あなたはもうドイツでは貨幣を投資できないよ。貨幣はあり余っているんだ。銀行で貨幣をもう一度金に交換して、サルタン、アルゼンチンのガウチョに貸しなさい。土地で儲ける時代は過ぎ去ったんだ」

ヒルシュゾンは窮地に陥った。汗、冷や汗を額から太った手の上にしたたらせ、勇敢なクリューガー軍曹がそこから有能な祖国防衛隊を造り出そうとした時代よりも多くの汗を流した。

途方にくれて、彼は銀行に行き、もう一度金と交換する。つまり、そうすることで、彼はせめてさらなる損失から身を守る。しかし、金はもはやドイツ国内では流通しておらず、彼には貨幣を外国で投資するしか道は残っていない。外国は利子付きで支払いをするが、彼と同様、他のほとんどの銀行家も、数十億以上のマルク、流通している貨幣の三分の二が銀行の金庫で手つかずのままになっているという状況は同じである。そのことにより、数十億マルクが、わずかな貨幣不足も感じさせないまま、流通から切り離される。十億マルクは利子を減らす必要があり、十億に六パーセントの利子、つまり六千万なら、産業は融通性を増す。生産する国民、公共団体は、銀行家により少ない利子で、すなわち六千万を支払う必要があるが、その六千万マルクは、外国がドイツ国に、新しい貨幣制度を導入する代わりに、犠牲として、支払うにちがいない。毎年、十二カ月、五十二週。六千万マルクの代わりに、ガウチョはドイツ国民に毎年、革、羊毛、小麦等を手渡すにちがいない。そして、一山の金を受け取らなければならないこと以外に代償もない。ドイツ国では流行遅れになった金の代わりに、六千万キロの小麦である。

しかし、年に六千万ですべてを喰い尽くすサナダムシを土地から取り除くことが何を意味するかは、これまでどのような形で六千万が支出されてきたかをよく考えることで、はじめて明らかになる。年に六千万を支出できる男は、六万人の召使の群れを抱える。それは、その男の千マルクが当てにされることによる。この六万人の召使は同じ数の女性と三倍の数の子供、全部で三十万の人間に相当し、これまた同様に、管理や防護などのために、女性と子供をともなった一万人の男、つまり五万十人の人間を必要とする。合わせて三十五万人の人間。その際、その六万人の人間が騒々しい料理人や御者から成っていると考える必要はない。そうではなく、職人、官吏、兵士、将校、そして王様さえも、それに属している。それらは、その存在がかの六千万の支出に依存している全構成分子から成っている。

多かれ少なかれ銀行家のふさわしい振る舞いに依存しており、そのことで他の市民を犠牲にして生きている、四十五万人の人間。

貨幣改革は、公共団体から六千万の負担を省き、この支出を他国の国民に肩代わりさせる。これらの数字にかんしては、正確性を期してはいない。それが巨額にのぼることは確かである。新たな紙幣は従来の貨幣よりも迅速に流通するだろうが、より迅速な流通は循環していない資金の一部を不必要なものにし、この部分は外国で投資され、国内ではその負担を軽減されるにちがいない。

貨幣改革は、自ずからあらゆる余分な貨幣を除外する。そのことによって、商取引の最大の邪魔者が排除される。というのは、誠実な商取引においては使い道のない貨幣はすべて、投機のふところに転がり込み、それは物価変動を引き起こすからである。錆びていく紙幣では、もはや投機の価値はない。というのも、確実な損失があれば儲けは不確実になり、そのうえ生産することもせず、毎年の損失を埋め合わせるための何物ももたない以上、投機資本はおのずから急速に姿を消すだろうからである。

物価変動は信用制度と結びついており、ほとんどの破産の原因である。物価変動の原因は取り除かれ、貨幣改革に必然的に伴う、現金払いが導入され、その暁には、破産することはなくなる。商取引は、より確実な基盤に立脚することになろう。

今日、国内では、百万×Xマルクが流通しているが、その迅速な循環によって総額は百万×Yほど減少するため、百万×Zにしか達しない。Zが三千に等しく、この三十億が年に十パーセント、すなわち三億を流通から除去されると、年の終わりには、きっかり三十億が必要であるにもかかわらず、二十七億しか流通しないことになる。この欠額が循環のなかで察知できるものとなり、銀行家のもとで貨幣需要に変わることは、明らかである。それは、年末ぎりぎりの、前述の総額に達するだろう、ほかならぬプフェニッヒにたいする需要である。

しかし、国家は国立銀行に、元々の三億にたいする補償のための金を保有しているので、国家はその需要を新たな発券によって満たすことを引き受け、この発券を国家収入、遺漏なく徴収される税と見なすことができる。欠額は毎年繰り返されるだろうし、それゆえ、やはり毎年その補償が必要となるので、国家は確実な、あらかじめプフェニッヒで算定された収入を当てにすることができ、その徴収は、証明書を印刷するコストしか生じさせないだろう。差し押さえもなく、貧しい農民の雌牛を追い立てることもなく、誰かの権利を侵害することもなく、増税されるだろう。

貨幣改革はそれゆえ税制改革でもあり、その税は、あらゆる市民にその収入に応じて完全に公平に配分され、実施者が自らつくり出さなくとも、おのずから国家のふところに転がり込む、理想の税である。

その三億は、たとえば天から降ってくるわけではない。それは、以前は貨幣保有者によって国費で取り立てられていたのと同じ三億で、今は再び国家に引き渡されるのである。

社会に奉仕する国家への架け橋

われわれが今日個々人の所有になっている主要な資本の起源を探求したいと思うなら、その集積は現在の道理にも正義にも反した貨幣制度のもとでのみ可能だったこと、国家がこれらの資本をその現在の所有者たちに直接贈ってきたことを証明するのは、難しいことではないだろう。

これらの資本家が彼らに資本を授ける力を常に公共団体の利益のために用いていたならば、つまるところ彼らにたいしてそれほど異議を申し立てる必要はなかったであろう。しかし、今日この力がどのように乱用されているかを見るならば、この資本集積を深く嘆かざるを得ない。

何百万人もの労働者が資本によって強いられて、不健康な仕事場、危険な鉱山で、いかなる悪魔にとっても価値のないありとあらゆる汚物、ありとあらゆる不快ながらくたを生産するために、自らの健康、力、生命を捧げねばならず、一方では、同じ労働者が自らが必要とする健康な住居の建設、耕作されずにいる平地の耕作――その産物には最も重要なものが欠けているものの――において、仕事を得られるさまを、見るならば。

常に軍事支出に不平を鳴らしてばかりいる同じ資本家が、国家の安全を蝕み、御者、料理人、侍女に何億も使うのを、見るならば。

学問的目的のために笑うべきほど小額のお金を集めるのにどれほどの努力が要るかを見、一方では、自然の自由な眺望を遮る豪邸に十億ものお金が使い果たされるのを、見るならば。

資本家自身がもってもいなければ理解もしていない宗教を黒人の固い頭蓋骨に注ぎ込むために、何百万も使われているさまを、見るならば。

ご婦人方の愛玩犬のためのクッションに刺繍をほどこすために、母親たちが子供の世話を、子供たちが学校を取り上げられるさまを、見るならば、等々。

そうすれば、激しい悲しみが見る者を襲い、あらゆるナンセンスに終止符が打たれる日が待ち望まれることだろう。

貨幣改革は国家に、馬鹿げたことを終わらせる手段をもたせる。

貨幣改革は、はじめから資本の大きな部分を余分なものとし、それを無理やり海外に押しやり、あとに残った資本からそれが本日まで享受していた不正な特権を奪い取ることによって、そのさらなる集積を妨げ、その漸進的な解消に着手する。

資本家の境遇は、老後のことを考えて一山の小麦を蓄える農民と同様のものとなるだろう。この小麦の山は、自然の物を劣化させる要因の影響のもと、常に小さくなっていくだろうし、収穫するたびにこの消耗を埋め合わせようと努力しても、少なくともそれほど大きくはならず、働くのを止め、いまや日々利用するために取り崩していく日から、次第に減少していく。

私的資本の減少は、国家にとって利点となる。それが小さくなるのと比例して、国家資本、共同の資本は大きくなる。

このようにして私的資本が時とともに完全に消えてなくなり、それを国家が所有するようになるのは、よく理解ができることである。

その日から、われわれは社会に奉仕する国家、社会に奉仕する理想的国家を有するようになる。原則として各人に各人相応のものを suum cuique 配置し、各人の完全な自由に任せ、各人にその自由、権利、所有権を保証することをその目的とみなす、社会に奉仕する国家である。

社会に奉仕する国家においては、各人の意志は国家に従属させねばならないとする、これまで胸苦しさを覚えるほど各人に重くのしかかっていた亡霊 Fantasma は、追い払われてしまった。

金融改革は、まさに税金を軽減するか上げるかすることで、国家が全資本の所有者になる時点を正確に決めることを、完全に国家に委ねる。社会に奉仕する国家への移行の時期を早めるのが望ましいなら、課税は強化され、その逆もまた真である。

このようにして、国家は、諸般の事情から判断して、希望に応じて移行を調整する手段を手に入れる。貨幣改革は、かくして「社会に奉仕する国家への橋」を架けるのである。

慣用句

社会主義者はいま、敵がどこの隠れ場所で待ち伏せしているか、知っている。彼らはもはや資本主義者を非難せず、彼らの貨幣制度を非難しており、袋をたたく代わりに、いまはロバをたたいている。

彼らはもはや今までのように、ストライキや国際会議などによって、闇のなかで解決策を手さぐりすることはなく、いまは何をしなければならないか知っているだろう。彼らの進むべき道はあまりにもはっきりしており、遠方に見える東方の三博士の星が、彼らをより安全な道で安息所に送り届けるだろう。

ドイツの産業は、途方もない資本が課す利子という重荷から解放され、新たな飛躍を遂げ、**予想もしない花を咲かせる**だろう。

ドイツの学問の鷲は、今日資本によって鳥籠のなかの奇妙な動物と見なされているが、鎖から解き放たれ、翼を広げて上空の澄んだ空気のなかに舞い上がり、文明開化と進歩のふところで、**見事な卵を生む**だろう。

貨幣改革は、大地を極から極へ貫き、これまで太陽に依存し、宇宙の光の吸収者として暗い役割を演じてきた地球を、天球の環のなかに、自らの光で輝く星々とともに、至高の美しさをもった真珠として組み入れるための手段を、人間の手に委ねるだろう。

しかし、貨幣改革の最も美しい、最良の、最も純粋な果実は、依然として次のようなものにとどまる。それは、資本によって打ち負かされた数多くの商人たちに、罪なくして失われた名誉を回復させ、世に向かってその正当性を宣言する。

今日の社会状況はもうもたず、社会は導火線に点火されていまにも爆発しそうな爆弾の上に腰掛けているという洞察を、誰も認めないわけにはいかない。自分の人生が大切である者、わずかでも正義感をもっている者、学問と進歩をきちんと整えられたテーブルよりも高く評価する者は誰でも、貨幣改革を支持し、「さあ、仕事にとりかかろう！」と言う。

貨幣改革に抵抗する者は、蛆虫のように踏みつぶされ、その上を歩兵連隊が跨いでいく。貨幣改革を導入する国家は、今日の状況のぬかるみから、光り輝く若々しい美しさで、不死鳥のように蘇るだろう。「ボーイさん、御勘定」

質　屋

一目見ただけで敵に身の毛のよだつような恐怖を抱かせたと言われているドイツの巨人は、どこに消えてしまったのだろうか。

ベルリン大通りから千人の人間を連れ去り、熊の皮を着せる！「さあ、たいへん」。それは、恐れではなく、高笑いを呼び起こすだろう。

ドイツの自由の感覚は、どこにあるのか。

国民は、ネクタイ、豪邸、靴墨、煙草にはずっと多額のお金を支出するくせに、家庭の自由のために哀れなほど小額のお金を渡さねばならないとすると、嘆き、叫び、呻く。

六月の社会主義者鎮圧法によって言論を抑圧されるがままになっている国民の、飼い馴らされていない自由精神は、どこに消えてしまったのだろうか。同胞にとって自由を縮減する国民は、どのような自由への感覚を有することを余儀なくされるのだろうか。

世界のいかなる国でも、相対的にも絶対的にも、祖国ドイツにおけるほど幼児死亡率が高いところはないことが、統計で証明されるときには、ドイツの女性はどこに消えてしまったのか、と暗い気持ちで自問することになる。

血族の同邦オーストリアと組んで、悪徳の世界市場に装備を供給するのが、ほかならぬドイツであるならば、ドイツの道徳はどこに消えてしまったのか、と赤面しつつ考える。

世界のどこにも、ドイツ国におけるほど多くの偽造がなされているところはないならば、ドイツの誠実さはどこに消えてしまったのか、と問うてしかるべきである。

求婚広告に際して、ドイツの若者がきれいな眼や徳よりもお金を高く評価していることが分かるならば、ドイツの理想主義はどこへ消えてしまったのか、と各人は自問する。質屋に、金の質屋に、今日の正義を欠いた貨幣制度の質屋に、われわれの父祖の宝物がもう長いこと入質されたままになっている。

立て！　時が来た。それらが腐ってしまう前に請け出そう。――万座の爆笑。

専制君主

いったい誰が、人間に、笑いたいときに泣き、悲痛な気分のときに笑うことを強いるのか。

いったい誰が、人間に、朝早くから罵り呻きながら短すぎるネクタイを締め、爪をカラーボタンでぼろぼろにすることを強いるのか。

いったい誰が、真面目な男に道化帽、別名シルクハットをかぶらせるのか。

いったい誰が、人間をきつい深靴で拷問にかけ、人間に燕尾服という拘束服を身につけさせるのか。

いったい何のために、物理学者が暑い夏の盛りに、黒い上着を、それが太陽光線を吸収することを知っているにもかかわらず、身につけるのだろうか。

いったい誰が、工場主に、その悲惨な様子が彼をひどく悲しませるにもかかわらず、危機に陥っている年老いた忠実な労働者を解雇することを強いるのか。

いったい誰が、誠実な人間に、日々月並みなまやかしを口にするように唆すのか。いったい誰が、普段は軽蔑している知り合いに出会った際に、口の端にいわゆる「愛想笑い」を浮かべるのか。

いったい何故、ガチョウの飼育の方が好みにも能力にも合っている若者が、ラテン語を学ぶのか。

いったい誰が、寒い冬の夜に、眠くてたまらない旅行者に、国境で荷物を開けることを強いるのか。

いったい誰が、戦争をするのか。

いったい誰が、人間にたいして、あらゆる善きものと美しきものにたいする感受性と理解の道を閉ざすのか。

いったい誰が、あらゆる創造の不思議に覆いをかけて、それを人間の眼から隠すのか。

手短に言えば、いったい誰が、文明開化と進歩を何千年も押しとどめてきたのか。

金、今日の貨幣制度は、道化師のように人類の鼻面を引きずり回す、専制君主である。その圧制に皆が屈従する。人間は、その常軌を逸したメロディーに合わせて操られたように踊る。感受性も理解力も欠いたまま、専制君主は王笏を揺り動かす。彼は、敵にも味方にもやみくもに打撃を与える。彼は、今はビロードのような足で媚びているが、結局はその本性を現わす。最近まで彼は親友のバーリンクを上座につけていたが、今日ではもう足蹴にしてトゥーアをそこに座らせている。彼は、悪党にはありとあらゆる愛想のよさをあふれんばかりに振りまくが、誠実な人間のことは裏切り、破滅に追いやる。

そして、このような邪神を囲んで、人間は何千年も踊り続けているのである。

結論

雨が降っているなら、われわれはそれをしのげる屋根を求める。毒蛇なら頭を粉々にし、猛犬なら鎖をつけ、痛む歯なら抜いて投げ捨てる。

われわれは、今日の貨幣制度の下にある金がわれわれをありとあらゆる方法で虐待し、生産する国民を搾取し、恐怖政治のもとに置き、飢えた労働者にジャガイモを植える代わりにネクタイを無理やり縫わせ、高貴な種族の気骨を堕落させていること、それこそがわれわれにとって無慈悲な敵であり、悪い神経 nervus malorum であることを、見てきた。

では、われわれはどうすればよいのだろうか。

われわれは金に、宣戦を布告しなければならず、しかもそれは手段を尽くした戦争、殲滅戦争でなければならない。われわれは金の足元に、今日明日にではなく、いまこの瞬間にも、挑戦用の手袋をたたきつけねばならず、敵をその地位から追放するまで、くつろぐことも休むことも許されない。

われわれは、有害な爬虫類として、金を根絶しなければならない。どんな手段を使ってもかまわない。王水で溶かしてもいいし、下水溝に流してもいいし、大砲に詰め込んでもいいし、地球の引力圏外の宇宙に放り出してもいいし、太平洋の特定の場所に置くことで鮫の餌食にしてもいいし、銀行を創設してリップス・テュリアンを頭取に任命してもいいが、要するに、われわれは金をわれわれの知覚できる範囲から遠ざけてしまわねばならない。

だから攻撃に立ち上がれ。諸君の手足に金が流し込む鈍重さを振り払い、理性の武器を構えて、いざ進め、進め、万歳！

補遺

最近、再び多方面にわたる商取引上の危機が訴えられており、鉤鼻の銀行家と一緒になって、声望のある教授連が、それをどうしたらよいかについて助言している。

どんな盲人も、見ようとしない者ほど、盲目的ではない。彼らは曲がったズボンに腹を立てるが、この曲がりを自分の足のゴシック風の構造に帰す決心はつかない。悪の原因を自分自身ではなく、常に隣人にのみ求める多くの人々と同様に、善良な人々でもそうしたものである。

当然のことながら、実際また、ひとは望むことを喜んで信じるものであり、ついでに言うとそれは、たとえ良き友、すなわち大人も子供もすべての人間によって敬われ、高く評価されている金に、不審の念を抱くことがあり得るとしても、そうなのである。

船が――晴天に――航路をはずれたとして、誰がその責任を負うのだろうか。中甲板員、労働者以外に誰がいるというのだろうか。男どもは八時間労働したのでたらふく喰い、下層民が太りすぎたので、船は重量超過になり、操縦できなくなる。それが、航路をずれた原因、危機の原因だと言われている。

みんな、後ろに舵がある、後ろのキャビンにあるから、そこを探せ、そうすれば見つかる。何故ひとは、常に金融危機のことは口にするのに、商品の危機のことは決して口にしないのだろうか。

私は寡聞にして、少なくともこのところ、ひとが小麦の不足または過剰について嘆くのを、耳にしたことはない。小麦が不足すると、農民はすぐに小麦栽培に転じるし、過剰になれば、小麦は駄目になる。

貨幣が小麦の代理役になると、何故それは同じようにはいかないのだろうか。貨幣が不足しても、原料も紙もそこにあるのに、何故それは生産しないのか。貨幣が過剰になっても、この余剰分は小麦の余剰分とちがって、何故駄目にならないのか。

金、今日の狂った貨幣制度が、金融危機と金融危機の後にやってくるあらゆる困窮の責めを負うべきである。金をヴェスヴィオ火山に投げ入れてしまえ。そうすれば、それとともに危機の原因は消え去る。

金に商品の代理の性格を与え、しかもそれに必然的にともなう結果も引き受けさせよ。そうすれば、諸君はもう金融危機を嘆くことはなくなるだろう。

貨幣改革は、まさに資金需要を精密かつ自動的に調整することによって、危機をとり除き、今後それが絶対に起こらないようにする。

誰も、日々価値を減じていく品物を絶対必要なものとして手許に長く置き続けても利益はないのだから、流通にとって断じて必要のない錆びていく紙幣も、常に源泉（ドイツ国立銀行）に向けて突き返され、もしくはそれが起こらない場合には、小麦の余剰分がすべて輸出されるか駄目になるかするように、まさに自ずから消えてなくなるだろう。

貨幣の余剰分はすべてドイツ国立銀行に集中し、そのことにより貨幣の流通量が足りているか少なすぎるかを、一銭一厘もたがえずに算定することができる。

銀行の負債が増大するなら、それは貨幣が過剰であるという徴候であり、それが減少するなら、より大きな資金需要があることが推測できる。

預金が完全に消えるなら、銀行は新たな預金によって飽和状態が表面化するまでの間、新たな貨幣を発行することができる。

預金が増え続けている間は、銀行はいかなる新たな貨幣も発行できない。要するに、貨幣改革は貨幣の調整者となり、つまりは金融危機に終止符を打つのである。

貨幣の国有化——貨幣制度改革にたいする第二の続篇

貨幣は鉄道のようなものであるべきであり、商品交換を算定して確定するための国家的装置以外の何物でもない。それを利用する者は誰でも、運賃を払わなければならない。

「貨幣」の概念の定義のために

良い名称以上に、ある物事の正しい概念を得るのに寄与するものはない。シュヴァリエ、ルロア、ボーリュー、ラヴレーやすべての社会主義者は、貨幣を商品と呼び、その内的価値は等価であり、同時に、購入に際して獲得される商品をかたちづくる価値尺度であるとする。

これから私は、この貨幣概念の定義はまったく的確なものではなく、人類が貨幣にたいして予断的に抱いている誤りをさらに助長するだけのものに見えることを、示していきたい。

それゆえ私は、真実にもっと合致した名称、読者にはじめから、長々と説明する必要なしに、物事の正しい概念を与える名称を案出することに取り組むことにし、実際それを見いだしたと信じている。

貨幣が仲介する商取引に際しては、買い手と売り手――需要と供給――は区別される。詳しく言うとつまり、買い手もしくは需要は貨幣の保有者と呼ばれ、一方、商品の所有者は売り手もしくは供給と呼ばれる。

したがって、われわれが商品を「供給」と呼び、貨幣を「需要」と呼んでも、間違いではない。

この呼び方は、なるほど貨幣、十九世紀の偶像から極彩色の羽をむしりとるが、私がいま示そうとしているように、完全に正しいものである。

交換もしくは商取引は、個人的に必要のない商品を、よりよく利用できる商品にたいして代償として与えることだと解されている。

このよりよい利用には、ともかく二通りのやり方がある。自分で消費したり使用したりするために交換で手に入れる商品として私の役に立つか、別の商品との交換手段として役立つか、のどちらかである。

最初のは以前の物々交換の場合であり、次のは貨幣の導入以降のものである。

両者の間には、多かれ少なかれ相違がある。

物々交換に際しては、取引の終了後、両当事者はおのおの自分の必要な商品をかかえて市場からいなくなり、それ以上の影響は商品市場に及ぼさないが、一方、貨幣の導入以降は、商取引に際して常に、両当事者の一方、つまり買い手もしくは貨幣の保有者だけが必要な商品を手に入れ、他方、売り手はさしあたり貨幣、すなわち新たな交換をとおして自らの欲求を満たすための手段のみを、手に入れる。売り手は買い手になる。言い換えれば、売り手は市場にとどまり、商品を探す。なぜなら、自らの商品の売却はなるほど自らに別の商品をもたらすが、それは自らの欲求の満足のために必要なものではないからである。

それゆえ、貨幣の導入以降、おのおのの商取引や交換は別のそれを引き寄せ、貨幣保有者は常に市場に居残って商品を探すことになり、それ以来、慣習法が商品の売却を貨幣にたいして以外は不可能にしたので、需要は完全にその貨幣の保有者の側にある。

したがって、貨幣は需要を代表する。多くの貨幣が流通しているところでは、商品にたいする需要は多く、少ししか流通していないところでは、需要は少ない。

貨幣がいっさい流通していないところでは、たとえほんとうは必要性が非常に大きくとも、基本的に需要もなく、貨幣が輸出されたり、使われなかったり、流通を妨げられたりするところでは、需要が不足する。

空腹をかかえた一千万人の労働者も、貨幣がなければパンにたいするいかなる需要も喚起せず、小麦の値段を一銭たりとも押し上げることはない。貨幣が流通しているところにのみ需要は存在し、そこにのみ存在しうる。

したがって、読者は、私がきらきら光る金を「需要」という無味乾燥な名で呼んだとしても、許容されるだろう。

貨幣の価値が依存している諸状況

貨幣にたいする「需要」という定義は、ほかのどんなものよりも多くの利点をもっているので、われわれははじめからただちに、貨幣の価値決定のために、あらゆる経済法則のうちでも最低限のもの――需要と供給が商品の物価を決定する――を心置きなく使用することができる。

もしすべての人間が、発見された体毛から太古の動物全体を実物どおりに再現できる力のあった、キュヴィエの精神的柔軟さをもち合わせていたら、前述の経済法則と結びついた「需要」という貨幣の定義は、いかなる経済的問題を説明するためにも申し分のないものであるにちがいないし、私はここで終止符を打って、インクと紙を節約することができるだろう。

しかし私は、このような総合の才は遍在しておらず、それゆえ、本来は自明のことと見なされるべきことをあれこれ説明することを迫られている、という背景を受け入れねばならない。

私が読んだり聞いたりしてきたあらゆることから判断すると、ひとはこれまで常に、貨幣に完全に定まった最大限の多かれ少なかれ貴金属製品によって影響を受けた価値を付与する傾向があり、この価値を正確に決定するために、それにかんして長大な著作をものしてきた。

そのうえさらに、貴金属製品の変動のせいで、硬貨の価値が貨幣としての機能を果たすためには常に十分であるとは思わない多くの人々は、穀物やそれどころか労働時間さえも、貨幣もしくは価値尺度と規定することを、提唱した。

愚かな企てである。

ある物の価値は、現在も将来も決して正確には決定されない。というのも、それは完全に個人的な概念であり、百万通りの物質的および精神的諸事情しだいのものだからである。溺れる者は、一本の麦わらの代わりにドイツの土地全部を差し出す。満腹の人間が骨を投げ出すかと思えば、二人の空腹の人間はそれをめぐり頭を殴り合って血まみれになるだろう。

世界のどこであろうと、いかなる商品も、不変の確固たる交換価値などもってはいない。自然の諸力でさえ、そんなものはもたない。一方のひとが影を追い求めれば、他方は日光の衰えに不平を言うのだから。

もっぱら需要と供給の法則だけがある物の交換価値を決定するのであり、もっぱらこの法則だけが以前からその価値を決定してきたし、この法則が今日もなお決定し、永遠に決定し続けるだろう。

むろん、この偉大な自然律がいつも十全な効力を発揮するとは限らない。時代後れで欠陥の多い流通の仕組みが、自然律がその作用に際して故意に歪められ、価格決定に際して物価が規則的に需要の側に傾くところの、供給を有さない需要に特権を認めることはありうる。しかし、この欠陥は物事の本性のうちに存するものではなく、ひとはそれを適切な改革によって廃棄することができる。

このきわめて重要な点に、私は後ほど立ち戻ろうと思うが、さしあたり貨幣の価値がそれにかかっている諸状況を列挙しておこうと思う。

貨幣は需要を代表し、商品は供給を代表する。――そして需要と供給の間に、物価がある。物価は商品の価値とは絶対に何も共有せず、貨幣にも商品にも付着しておらず、商取引上の契約書の写しでしかなく、商取引に影響を及ぼす千倍もの諸状況のおおまかな像を与えるだけである。

これらの諸状況は、供給と需要が被り、もっぱら商品の物価に影響を及ぼすところの、変動に要約できる。供給もしくは需要における変動がなければ、物価は永遠に変わらないままである。

需要の減少に向かい、貨幣の価値上昇という結果を招く、主要状況は、以下のようである。

（1）貨幣輸出。なぜなら、それは貨幣ストック、もしくは需要を減らすからである。

（2）貨幣の金属の装身具への加工。なぜなら、それにより貨幣ストックが減少させられるからである。

（3）保険制度、宝くじ。そのせいで一時的に少なくとも数億が金庫にしまい込まれ、商品市場には出てこなくなり、それにより需要は減る。

（4）借款、抵当等。なぜなら、もっぱら借款の利子のために何百万という財布や金庫に寝かされている金額は、商品市場から遠ざけられ、需要にたいしていかなる影響力も行使しないからである。

（5）土地投機、株式投機。なぜなら、そのために年々歳々費やされる数百万は、同様にその本来の用途から遠ざけられる。等々。

要するに、直接間接に貨幣を商品市場から別の方向に向けるものはすべて、物価の下落もしくは貨幣価値の上昇に効果を及ぼす。なぜなら、それは需要を減少させるからである。

商品供給の増加を引き起こすものはすべて、同時に**貨幣価値の上昇**、物価の下落に効果を及ぼす。すなわち、

（1）あらゆる分業の拡大。というのは、自らのあらゆる欲求を自ら満たす人間は、何も買わず何も売らず、いかなる貨幣も必要とせず、いかなる商品も販売に供することはないからである。

（2）豊作。

（3）生産手段の改良。

（4）新大陸の発見や新たな取引分野の開拓、等々。要するに、市場に新たな、以前よりも多くの商品を供給するものすべて。

それにたいして、物価の上昇、貨幣の**価値下落**に、需要の増大をとおして効力を及ぼすのは、貨幣ストックを増やすか貨幣を商品市場にもたらすものすべてである。

（1）貨幣輸入。

（2）国内もしくは国外の紙幣発行の増加。

（3）装身具の硬貨への加工。

（4）投機と宝くじ制度の廃止。

（5）新たな金鉱山の発見、等々。
同様に、商品生産を減らすものはすべて、貨幣の価値下落または市場価格の上昇に帰着する。
（1）大がかりな、何年もかかる企て。たとえばパナマやキールの運河、トンネル、鉄道建設、等。
（2）資本の非生産的な投下。たとえば贅沢な建造物、軍備。
（3）不作、ストライキ、操業停止。
交換の仲介者としての貨幣を不必要にし、現金への需要を減らす、あらゆる商業的な仕組みは、それに劣らず貨幣の価値下落または物価上昇を引き起こす。
（1）小切手、手形、信用貸しの制度。
（2）硬貨の紙による代用。
（3）国相互の貿易収支の差額の、為替送金による補償。
あらゆる経済学者は、複本位制がその擁護者に提供する最良の武器が複本位制の貨幣のより大きな価値安定性を拠り所とするものであるならば、貨幣は可能な限り安定した価値を有するにちがいない、ということでは意見が一致している。皆の理想が、確固とした不変の価値をともなった貨幣制度をかたちづくる。

しかし、硬貨はこの理想からどれほど遠いところにあるだろう。

困ったことに、貨幣価値に影響を与える状況は、何百万通りも存在するのである！

そして、こんな不安定な舞台の上で、商人は自らの事業を展開しなければならないのである。こんな道具を使って、彼は働かなければならないのだろうか。

商売が当てにならない賭け事になってしまったとしても、驚くにはあたらない。破産が相次いだとしても、驚くにはあたらない。

あらゆる仕事のなかでも最も単純なものの一つに数え上げられるべき商品交換、商業が、あらゆる芸術や学問のなかでも最も難しいものになってしまった。いかなる学問も、今日の商業のような極度の緊張を強いる精神活動を要求しはしない。商人は、朝から晩まで警戒していなければならない。どんなわずかな失敗があっても、商人は現在の立場から転落し、仲間たちの侮り、嘲笑を受けることになる。

そしてその際、暗中模索しているうちに、本能、個人的経験という豊かな財産がしばしば彼に道を示すかもしれないが、それにしてもどれほど頻繁に彼は思い違いをすることだろう。

それは、彼らのうちの誰も物価変動をその真の原因に帰する術を知らず、彼らのうちの一人として貨幣、自らの道具のことを知らず、彼らのうちの誰も、今日に到るまで、貨幣のことを詳しく研究する労苦を引き受けようとはしないからである。あらゆる物価変動は、これまで生産のせいにされてきた。その結果、ほとんどの物価変動は貨幣そのものに原因があるにもかかわらず、誰もそれを知らないし、誰もこれまでそのことについて考えてこなかった。

投機の貨幣価値にたいする影響

しかし、貨幣の価値、購買力は、宝くじ、装身具、保険制度等によって吸い上げられ、商品市場から別の方向に向けられる貨幣の量や、大なり小なりの分業の拡大や、硬貨の紙による代用等々のみならず、かなりの部分は、その保有者の投機的な手腕にもかかっている。

需要と供給が、商品の交換価値と貨幣の購買力、価値を決める。慣用的な言い回しを使うなら、需要が減少すれば、物価は下がる。貨幣は価値、購買力を増す。

しかし、貨幣が商品市場から引き離されると、需要は減少する。貨幣が引き止められると、物価は下がり、貨幣の購買力は増大する。

それゆえ、貨幣を商品市場から引き離すことは、貨幣保有者自身の利益、個人的直接的利益に適う。なぜなら、それによって需要は減少し、それによって物価は下がり、それによって貨幣は交換価値、購買力を増すからである。貨幣保有者は、自らの全財産の価値を増大させるためには、自らの資産に一つのまだ知らない利点を付け加えるためには、貨幣を流通から引き離すこと以外に何もする必要はないのである。

貨幣が商品交換を仲介すべきだ、と言われる。それどころか、多くの者は大胆にも、貨幣が商品交換を容易にする、とさえ主張している。しかし、貨幣を引き戻すことによって商品交換を妨害すること、生産者と消費者の間の意思疎通を阻むことが、まさに貨幣保有者の利益、直接的個人的な利益に適うのであれば、いったいどうすれば今日の貨幣制度が商品交換を容易にすることができるというのか。

商品交換は、貨幣に頼らざるを得ない。貨幣という遮断機を通過しなければ、商品は消費地に到達できず、商品交換は成り立たない。貨幣保有者が貨幣を引き戻し、貨幣を流通から引き離すならば、生産者は窮境に陥り、今度はこの窮境から貨幣保有者は資本を引き出すことになる。

商品交換を容易にするという唯一の目的のためにのみ貨幣をもつことが、本当に真理であるべきだとするなら、ひとは山羊を庭師として雇い入れてしまったことになる。というのも、もし商品交換を困難にすることが貨幣の利益、直接的利益に適っているなら、貨幣は自らの利益に背いて商品交換を容易にすることはないだろうからである。商品交換を容易にすることによって、貨幣保有者はまさに自らの肉を切り刻むことになり、自らの利益に反する行動をとることになろうが、もちろんそんなことはどんな人間にたいしても要求することはできない。

それゆえ、今日の貨幣は、流通を容易にするどころか、その正反対のものになっている。流通の促進を望むなら、商品交換を阻害し、貨幣の引き戻しによって生産者間の結びつきを阻むことが、もはや貨幣保有者の利益にはならず、むしろ貨幣の保有者が反対に、商品交換の加速化に直接的個人的な関心をもつ方向に、貨幣を適合させていかねばならない。

どうすればそれが達成できるだろうか

貨幣流通の貨幣価値にたいする影響

私はこれまで意図的に、総合的に考えて他のどんなものよりも貨幣の価値に影響を及ぼせる位置にある状況に、言及して来なかった。それは、そのことによって、硬貨が時代後れの暴利を貪ることにのみ役立つ仕組みであり、この流通の仕組みを容赦なく一掃するまさにその時がいま来ていることを、誰の眼にも明らかなかたちで証明するためであった。

私が言っているのは、影響、近い将来の信頼と不信、迅速な貨幣流通と緩慢な貨幣流通が貨幣の価値に及ぼす影響のことである。商人が、商品の販売によって再び適切な時期に貨幣を保有することになるという見込みのもと、買い付けをして貨幣を手放すなら、そこには信頼があり、貨幣にその責務を履行させたことになる。その人がさまざまな理由から、販売では値引きして、そのためにひどい苦境に陥りたくないなら、新たな買い付けに際して貨幣を手放さないことを想定せねばならない場合には、不信がはびこっていることになる。信頼と不信がどこから生じるかについては、これから述べるが、ここではとりあえず、信頼と不信は絶え間なく相互に交代する、という誰もが知っている事実にだけ言及しておきたいと思う。

さて、商業はどのような理由で不信感にとらわれるのだろうか。商人が将来に確実な期待が抱けず、商品買い付けのために立て替えられた貨幣が販売によって再び戻ってこないのではないかという恐れを抱いているならば、商人は貨幣を握って放さず、もう何も買い付けず、貨幣は流通せず、需要は減少し、物価は下がる。

それにたいして、商人が簡単にひとを信用する気分になっていて、販売が活発に行なわれると想定しているなら、貨幣を支払って商品在庫を補完することには、その人にとって何の問題もない。貨幣は流通し、需要は増大し、物価は上昇する。そのような状況下では、こうした簡単にひとを信用する気分が数年にわたって持続することもあり得る。その際には、貨幣は驚くべき速さで手から手へと渡っていき、需要はとてつもないものに成長し、生産は歩調を合わせることができず、あらゆる商品の価格は十、五十、百パーセントも上昇する。証券取引所には、蟻塚のなかのように、ひとが群がり集まる。工場主は、高い物価に鼓舞されて、工場を拡張しようとし、労働者に対する需要は増大し、それとともに、以前はままならなかった報酬、投機も我が世の春を迎える。

そこに突然どこからか警告射撃がなされ、狩り立てられた獲物の群れのように、株式仲買人は耳をそばだて、銀行家は不審を抱き、信用は制限され、資金は回収され、貨幣は流通しなくなり、需要は減少し、物価は下がる。

九十九プフェニッヒで販売するのに、商品を一マルクで買い付ける者がいるだろうか。そんなことをする馬鹿者がどこにいるだろうか。物価が下がって、販売してもおそらく九十九マルクにしかならない商品に、百マルクの労賃を払う工場主がどこにいるだろうか。

物価が下がっているかぎりは、働く工場主はいない。工場主は労働者を解雇して、賃金に予定していた貨幣を銀行にもっていく。

労働者‐住民のあいだに、困窮、窮乏が蔓延する。収入がなくなるので、飢餓が拡がり、労働者は集結して、示威行動により政府にパンを手に入れるための仕事を要求する。

馬鹿げたことである。政府に何ができるというのか。政府は、今日では、銀行家の手の内で弄ばれるものにすぎず、貨幣を流通から引き離し、商品交換を阻害し、その病的な不信が工場の閉鎖という結果を招いた、当の銀行家に相談をもちかけているのである。

銀行家の頭には貨幣を流通から引き離すことしかなく、需要は減り、物価は下がる。それでどうやって政府は、工場主に損失を抱えたまま働き続けることを強いることができるのだろうか。政府には絶対に何もできない。政府は銀行家にたいして何の力ももたず、貨幣、つまりあらゆる国家的な流通制度のなかでも最低限のものにたいしても、政府は絶対にいかなる統制力ももたない。銀行家がヴァイオリンを弾き、皇帝は自らの大臣たちとともに、そのメロディーに合わせて踊らなければならない。

流通手段がきわめて重要であることを正しく認識し、流通手段の私有がその所有者に他の住民にたいするあまりにも専制的な権力を与えることを正しく考慮して、ドイツ政府は常に、郵便、鉄道、電報、橋、電話、大通りを国民の共同財産にとどめておくよう配慮してきたというのに、なんだって政府は、貨幣、つまりあらゆるもののなかでも圧倒的に最低限のものに、特例を認めたのか。

政府は、他のすべての人間と同様、金に眼を眩まされており、誤った理論に導かれているので、貨幣を交換の仲介者としてなくてはならないものと見なしている。

いったい誰が、このような誤りを世界に植えつけたのか。いったい誰が、それが暴かれないように気を配っているのか。

それによって益するのは誰か Cui bono。混乱に乗じて利を占め、困窮が世を覆っている時に羊の毛を刈る、高利貸しではないのか。

私は、そうした人間たちをそれほどひどいとは思っていない。人類が貨幣にかんしてとらわれている誤謬が存在しているのは、貨幣研究をおろそかにしてきたせいにすぎない。その誤謬の在り処を私はすぐにでも示そうと思うが、私はさしあたり読者に、もしその価値が、われわれが見てきたように、宝くじ等にかかっているだけでなく、もっと大規模に、迅速な、もしくは緩慢な流通、銀行家の信用、不信にもかかっているとしても、ある物に価値尺度という名称を与えることに、なおも同意するのかどうか、質問してみたい。私は読者に、流通を阻害すること、労働者を貧窮に、商人を途方もない損害に直面させ、国家財産になんと何十億もの損害を与えうることが、神経を病んだ銀行家の気分しだいであるとしても、硬貨を卓越した何物にも代えがたい流通制度と呼ぶことに、なおも同意するのかどうか、尋ねてみたい。

私は読者に、もし郵便業務を数カ月間停止することが郵便局長の気分しだいであり、鉄道運輸をすべて中断することが鉄道管理当局の気分しだいだとしたら、それにたいしてなんと言うのか、尋ねてみたい。

ともかく、この簡単な質問に答えてもらいたい！　きっとまた、単純な答えが返ってくることだろう。すなわち、貨幣は銀行家のものであり、彼らの私有財産であり、他のいかなるものとも同様に、一つの商品であり、銀行家はそれを自分の好きなように使うことができ、流通が妨害されようがされまいが、職人が自分の製品を売ることができようができまいが、彼らにとってはどうでもよいことなのだ、という答えである。

貨幣は銀行家のものであり、彼らの所有物であるというのは、まったく正しいが、ではいったいなぜ、**国家は私に、私の税金を銀行家の所有物で支払うことを強制するのか。**

もし国家が読者に、銀行家の庭で咲いている花で税金を支払うことを強制しようとしたら、読者はそれにたいしてなんと言うのだろうか。しかもそのうえ、このような譬えも、かなり不適切である。というのも、銀行家には常に、貨幣を引き渡すよりも、花を売るように説得する方が容易だろうからである。

私の税金を支払うことができるように、銀行家に貨幣を引き渡す気にさせるために、私には何ができるだろうか。国家はなぜ、私のものではないもの、私があらゆる種類の屈辱に耐え、二束三文で私の財産を譲渡することによってのみ、手に入れることができるものを、私に要求するのだろうか。なぜ。

そう、貨幣が所有者の私有財産をなすありふれた商品以上のものであるべきではないなら、なぜ国家はよりによってこのような商品に税をかけるのか。

こんなことは間違っている。誤りである。こんなことがあってはならない。銀行家が貨幣を自分の箱のなかに引き止めているなら、農民はどこから貨幣をもってくればよいのか。農民はそこに盗みに入ればいいのか。

金で税金を徴収することによって、国家は貨幣の保有者がいつでも自らの貨幣と交換に商品を手に入れられるように配慮する。しかるに、政府は、商品所有者もいつでも商品と交換に貨幣を手に入れることができるように配慮するだろうか。

国家が薬剤師に薬品の購入にかんして特権を与えるなら、国家は同時に、薬剤師がこの特権を悪用しないように気を配り、価格を定めて、薬剤師が昼夜を問わず公衆に奉仕することを強制する。

各人が金で国税を支払うことを強制されることによって、国家は貨幣の保有者に国家的特権を与える。自らの税金を支払う者は誰でも、たとえ迂回路を通ってであろうと、貨幣を銀行家から手に入れなければならない。この特権が銀行家に与える途方もない力を制限する法は、いまどこにあるのか。

すべてのグロッシェンを銀行にもってくることが一般的な慣例となって以来、銀行家は自由に使えるすべての国家財源を意のままにしており、すべての流通経路を握っている。国民は銀行家に、無条件に身を委ねている。国家の統制力はどこにあるのか。

流通を仲介するために、貨幣はある。流通を仲介するためには、貨幣は流通しなければならず、流通は本性的に規則性に頼らざるを得ないので、貨幣も規則正しく流通しなければならない。

貨幣の流通を妨げることが、銀行家の信頼や気分に左右されてはならず、投機や何らかの他の理由で貨幣の流通を妨げる者には、罰が加えられなければならない。

最低の正義感しか持ち合わせていない者にも、これは理解できることである。

貨幣は商品か

ひとはマンモン、世紀末の偶像を、このような大量の色とりどりの羽で飾ってきたので、その真の姿を再認識するのは非常に難しくなっている。だから、この羽を毟《むし》ってしまおう。

「商品は外的対象である」と、マルクスは彼の『資本論』のなかで言っている。これが正しいなら、貨幣も一つの商品である。なぜなら、貨幣は外的対象のあらゆる特徴を備えているからである。貨幣は見ることも、聞くことも、触ることもできるし、それどころかアルゼンチンでは、嗅ぐことすらできる。それゆえ、マルクスも実際に貨幣を一つの商品、茶や鉄と同様の、まったくありふれた商品と見なしており、彼は、「十グロスの金を地中から採掘するためには、それと等価の小麦、ベーコン、ズボンを生産するのと同じだけの時間を必要とする。ゆえに、金は商品である。なぜなら、金においてこれこれしかじかの量の人間労働が具現化されるからである」と言っている。

貨幣を一つの商品にしてしまうことは、マルクスにとっては非常に好都合であった。なぜなら、彼は商品の性格のなかに社会的不均衡の原因を求めていたからである。それゆえ、彼は貨幣に長くかかずらうことなく、貨幣を商品であると言明することで彼の研究を終わらせている。

国民経済のなかには、小さな誤りもない。最小の失敗ですら、思わぬ結果につながる。国民経済の研究にも、同じく小さな怠慢の罪も存在しない。誤った理論に導かれて自らの道を進む者は、間違いなく誤った結論に到るし、この結論は大元から離れれば離れるほど、真理から逸れていくだろう。

マルクスは貨幣制度を研究しておらず、貨幣をありふれた商品と見なした。貨幣は、欠くべからざるものであり、鉄道や機械装置よりも文化的発展にたいしてずっと大きな影響力をもつものであるのに、マルクスは貨幣が流通装置、重要な流通装置であることを認識していない。そして彼は、貨幣が流通装置であることを知らなかったので、そこにいかなる欠陥も発見できず、それゆえ、この欠陥の帰結をその起源に帰することができる立場にもなかった。

マルクスはあのような天使の忍耐をもって商品の性格を分析しようとしたが、貨幣が占める特権的な位置もとりわけあのような研究の意欲を掻き立てるはずであるのに、ことさら貨幣のところにとどまるための時間はとらなかった。

あらゆる商品が共通してもっている特性がある。あらゆる商品は、需要が増えれば、例外なく価格が上がる。他のすべての商品の価格が上昇することによって、このことは誰の眼にも明らかに実証されるにもかかわらず、多くの者がぜいたくをしたがり、多くの金や銀がさまざまな装身具に加工されるまさにその時に、金の価値は下がる、ということがどこから生じるのだろうか。

金にたいする需要は増えるが、それにもかかわらず、自然律に反して、その価値は下がるのである！不適当な時期に、つまり、人間が悔い改め、金製の装身具から足を洗う時に、金の価格が上昇する、ということがどこから生じるのか。

金が格別の研究を要しないありふれた商品であるならば、いったいなぜこの商品は、他の商品とは逆の供給と需要の自然律に従うのだろうか。

これにたいしては、「金はその価値を金属から引き出すのではなく、硬貨、交換の仲介者から引き出すのであり、金属を装身具に加工する慣習から引き出すのでもない。それで、不適当な時期に、金属ではなく、硬貨への需要が増大するのである」と答えることができる。しかし、金が商品であると考えるのははじめから正しくないなら、金に価値を授けるのは金の掘り出しに必要な労働ではなく、金の生産とはまったく関連しない状況であることになろう。

金がありふれた商品なら、なぜそれが循環から引き離されると、流通が滞るのか。

銀行家の手を経る貨幣が銀行家によって引きとどめられていないなら、なぜあらゆる商品は価格が下落せねばならず、工場主は労働者を解雇し、商人は破産し、農民は高い利息を払わなければならないのか。

しかし、こんなことは他の商品では起こらない！ ジャガイモが不作になれば、他の食品の価格は高騰するが、だからといって経済運営全般の停滞は生じない。

貨幣は他の商品の特性を何一つ備えておらず、その商品としての性格を認識するために、貨幣をあらゆる角度から点検してみても、常に他の商品とは正反対のものであるという答えが出てくる。

したがって、貨幣は商品ではなく、その**正反対のもの**である。それは貨幣、交換の仲介者であり**——等価物ではなく——**、まったく特異な概念である。

貨幣は物々交換を、購入と販売、需要と供給において、分断する。貨幣は需要を代表し、商品は供給を代表する。

今後私はこの概念をさらに正確に定義していこうと思うが、いまのところは、マルクスが反復して用いている「等価物」という表現から疑う余地なく読み取れるように、マルクスは貨幣を一つのまったくありふれた商品と見なしていた、ということを強調するにとどめたい。

マルクスは商品と貨幣を区別しておらず、そのせいで、資本のすべてを吸い上げる特性を、貨幣ではなく、商品の責任にせざるを得なくなった。

この失敗のせいで、当然のことながら、彼はまったく誤ったコースを歩まざるを得ず、彼の研究の最終結末は歪んだものにならざるを得なかった。というのも、彼は単純な改革で貨幣から蓄電池的な特性を奪い取ることもできたのに、彼にとっては、資本集中にたいする治療として、共産主義的な生産方法を今日の個人の主導権に基づいた生産方法にとって代わらせる道しか残されていなかったからである。進歩する代わりに、野蛮な時代の生産方法に逆戻りしたのである。

貨幣の内的価値についての作り話

マンモンを飾る、人の心を惑わせる羽は、金の内的価値にかんする作り話を生み出すに足るものである。金と商品の交換を媒介する硬貨、支払手段、慣習が、金に価値を取り次ぎ、金に価値を授けるのではなく、硬貨の交換価値、購買力は、金属と、装身具等の製造のために産業において金が有する価値を拠り所にしている、と主張されている。

このようなおとぎ話、このようなひどい誤謬が今日まで生き残っているのは、まずあり得ないことのように思われる。

需要と供給が商品の価格を決定する。需要が減れば、物価は下がる。

金属が交換手段に価値を授ける、と主張されている。では仮に、この地球上の諸国民が一致して、何か他の物を交換の仲介者にすると宣言し、したがってもはや誰も、自らの負債や税金の支払いのために、自らの商品の交換のために、金を用意しなくてもよくなる、という事態を想定してみよう。そうすれば、無条件に金にたいする需要は減少し、それは完全に産業が要求する分量に限られることになるだろう。

しかし、この分量は今日、正貨準備高のほとんど十パーセントにもならず、それゆえ、硬貨でなくなることによって、金の価格は現在の価値と比べて九十パーセントほど下落する。

なるほど金価格の下落とともに、産業におけるこの金属の使用量は増加し、このような使用量の増加は価値の下落とは反対の作用を及ぼすだろうが、こうした状況はわれわれにはまったく関係がないのであって、われわれはここでただ、金が交換の仲介者、硬貨として、産業におけるよりも九倍も多く使用されており、そのことから硬貨が金属の価格を九百パーセントほども上昇させていた、と推断できればよいのである。

しかし、われわれが硬貨にたいして証明した十パーセントの金属価値が金の価値にたいするなんらかの影響によるものであると想定したがるならば、またその十パーセントが言わば硬貨の価値の基盤をなしていると信じるならば、誤ることになろう。金属は硬貨の価値にたいして、紙素材が紙幣の価値にたいして及ぼすほどの影響も及ぼしておらず、このことはきわめて容易に証明されうる。

産業において金を完全に押し退ける金属が発見され、したがって金製の装身具がまったくの時代後れになる、という事態を想定してみよう。もはや誰も、金製の鼻輪、耳輪は身につけようとしないが、その代わり、各人は税金を金で払わなければならず、商品の購入、販売は金にたいしてのみ可能である、という法律は残っているとしよう。

そのとき、金の価格は単にプフェニッヒであるせいで下落するのだろうか。決してそんなことはない。というのも、貨幣の価値は商品供給にかかっており、金にたいする競合金属の発見がその他の商品生産に少しもかかわりをもたない以上、金がもっぱら硬貨としてしか使用されていないにもかかわらず、金の価値も変わらないままである。

さらに一例を挙げれば、金属が金の価値にごくわずかな影響すら及ぼさず、それどころか、金の価値はもっぱら、交換の仲介者への需要、もしくは商品供給によってのみ決定されることが、証明されるだろう。

需要と供給は、プラチナの価格をキロ当たり千五百マルクに到らしめた。言い換えれば、この金属の価格は、金にたいして十五対二十三の関係にある。

この地上の諸国民が交換の仲介者として金をプラチナに置き換えることで一致したなら、すぐさまこの金属にたいするものすごい需要が生じ、その需要はこの金属の価格を高騰させ、それは現存するプラチナの重量が現在硬貨として流通している金の重量にたいして有する関係とまさに同一の関係に立つことになろう。言い換えれば、今日たとえば百トンの金とわずか十トンのプラチナしか流通していないとするなら、支払手段としてのプラチナの導入は、プラチナの価値を一プフェニッヒも違えず正確に金の価値の十倍に高騰させるし、その際には、プラチナが今日キロ当たり一マルクであろうが千五百マルクであろうが、まったくどうでもよいことになる。プラチナの元々の価格は硬貨の価値にまったく影響を及ぼさず、プラチナの価値はこの金属が交換の仲介者として使用されるようになるその日から、もはや産業・金属の価値ではなく、もっぱら交換の仲介者にたいする需要によって決定される。

したがって、支払手段の価値が支払手段がそこから造り出される素材から完全に独立しているなら、また金貨の価値がその金属にたいする需要によって決定されるなら、金属は硬貨の価値にたいして、紙素材が紙幣の価値にたいして有するのと同じくらいわずかな影響しか有さない、と私が主張しても、単に当然のことを言っているにすぎない。

金は、たとえ地中から現れようとも、支払手段であり、それがそのかたわら装身具としても使用されうることは、今日の貨幣制度の欠陥ではあるが、普段は、このような状況は、貨幣の購買力にたいして、農民の愚弄のために紙幣の裏面を飾り、その価値を高める、麦束、蜜蜂の巣箱等と同じほどわずかな影響力しか行使しない。

交換の仲介者としての金の代替不能性についての作り話

そして、もし金の価値が、われわれがちょうどいま見てきたように、もっぱら交換の仲介者もしくは支払手段にたいする需要によって決定され、金製の装身具にたいする需要によっては決定されないならば、金の代わりに交換の仲介者とすることを宣言された何か別の物の価値が、まさに今日金の価値が従わされている法則に依拠することは、明らかなことである。

貨幣の価値は、今日、商品の供給と需要にかかっており、商品需要は現存する貨幣の量とそれが循環する速度にかかっている。多くの貨幣が現存し、商品にたいする需要が大きいなら、物価は上昇し、金は価値が下落する。金がなんらかの理由で普段よりすばやく循環し、貨幣循環が商品生産と歩調を合わせられないなら、需要は集中し、同じく貨幣の価値下落が生じる。われわれがいま金を何か他の物質、たとえば紙で置き換え、この紙幣が金貨と同じ量だけ発行されるように配慮し、紙幣の循環が金の循環と同じになると仮定するなら、この紙幣の価値、その購買力は、金のそれとぴったり一致するだろうことは、疑う余地がない。

ドイツで硬貨が今日明日にでも紙に置き換えられる、言い換えれば、流通している各々のマルクの代わりに紙幣が一という数字を印字されて発行される、と仮定するなら、そのとき紙幣の価値は硬貨の価値と同じになり、同じままにとどまらないだろうか。

この紙幣の価値が九十プフェニッヒに下がる、言い換えれば、額面価格一マルクの一枚の紙幣で私が九十プフェニッヒの商品しか受け取れない、と仮定するなら、商品にたいする需要は、供給がまったく同じままであるにもかかわらず、十パーセントほど減少するだろう。十パーセントほどの需要の減少は、即座に同じ金額だけ物価を下落させるにちがいないし、この物価の下落は紙幣の価値、購買力を再び以前の水準にもたらすことになるだろう。

硬貨と比較した紙幣の価値減少もしくは価値増大は、一般的に、紙幣が普段の同じ状況下で硬貨よりも緩慢もしくは迅速に循環する場合にのみ、生じうるだろう。

より緩慢に循環すると仮定すると、紙幣は平均して硬貨よりも個々の保有者によって長く保持され、その場合、その直接的な結果として、需要は減少し、物価は下落する、もしくは貨幣の価値が増大する、言い換えると、単なる紙で造られており、わずかな内的価値さえ有していない、紙幣が、硬貨より大きな購買力をもつだろう。なぜなのか。それはひとえに、より緩慢に循環するからである。逆に、紙幣の循環が平均して硬貨の循環より迅速なものになれば、紙幣の購買力は減少するだろう。なぜなら、この場合は、需要が増加し、物価の上昇、もしくは紙幣の価値下落が、結果として伴うからである。

そして実際は、後者のようになるだろう。なぜなら、紙幣は、今日まだ教養のあるなしにかかわらずかなりの数の国民にたいして金が有している魅惑的な特性を備えていないので、金より迅速に整然と循環するからである。

それゆえ、今日ドイツにおいて金が同量の紙で置き換えられると仮定すると、その直接的な結果として、貨幣がより迅速に循環し、需要と物価が上昇する、言い換えれば、十から二十パーセント、ことによると三十パーセント貨幣の価値が下落することになろう。

しかし、この貨幣の価値下落は、貨幣の素材としての紙にその原因があるのではなく、単にそれがより迅速に循環するところに原因があるのである。この価値下落を防止するためには、循環している紙幣の三十から三十五パーセントだけを流通からとり除きさえすればよい。そうすれば、物価、貨幣の価値や購買力を、今日と同水準に保つことができるだろう。

こうした事情を見れば、私が少なくともすばらしいもののように思われる原理、すなわち紙の七百五十マルクは金の千マルクと同じ購買力を有し、今日の硬貨ストックの七十五パーセントを総量として紙に代えれば、物価変動なく商品交換を仲介するためには十分であろう、という原理を打ち立てても、許されるだろう。これは間違いなく、金属が貨幣の価値にいかなる影響力ももっていないという、決定的な証拠である。

さらには、こうした事情から、議論の余地のないこととして、私が、もし紙の七百五十マルクが交換の仲介者として金の千マルクにとって代われるのであれば、**金は硬貨に価値を与える代わりに、反対にそれから購買力の二十五パーセントを奪っている**、と主張しても許されるだろう。

遠慮のない主張ではあるが、それでも誰も論駁できない主張である。

硬貨よりも迅速に整然と循環するというこの紙幣の特性は、結果として、増大した需要、物価の上昇、もしくは貨幣の価値下落を伴う。しかしこの紙幣の作用は、これまでのところ、貨幣制度が国民経済学者によって皮相的に研究された結果、決して真の原因をつきとめられることなく、硬貨を紙幣に置き換えることはできないという結論をそこから引き出すために、常に誤って貨幣の素材としての紙のせいにされてきた。

しかしながら、貨幣の循環がその価値に及ぼす作用は、概してまだ根本的に研究されておらず、さもなければ、今日オーストリアでの企てに見られるような失敗は、もはや許されるものではない。

そこでは、紙幣を金で置き換える計画がある。詳しく言うなら、そこではすべてのグルデン紙幣の代わりにグルデン金貨を発行しようとしており、実際にこの方法で同量の貨幣が流通することになろう。

すでに金本位制と保護関税（それはたしかにオーストリアでは流行りではあるが）が内にはらんでいる些細な矛盾は措くとしても、紙の代替物としての金の導入には、はなはだしい難点がある。

文明国でも金は紙ほど迅速には循環しないのに、ましてや国民のかなりの部分を半野蛮人が占めているオーストリア‐ハンガリーにおいては、金はさらにどれほど緩慢に循環することになるだろうか。ジプシー、フン族、チェコ人、スロヴァキア人は間違いなく、グルデン紙幣は埋蔵しなかったし、交換の仲介者としてのみそれを使用し、繰り返しそれを循環させた。

彼らはグルデン金貨でも、そうするだろうか。まずあり得ないだろう。クロアチア人はグルデン金貨を握って放さず、どうにもならないときにのみ手放すだろう。チェコ人はそれから金ボタンを作ってもらい、ジプシーは金を地中に埋めるだろう。**金は、グルデン紙幣ほど迅速には循環しないだろう。その結果、需要は減少するだろうし、物価も下落するだろう。**

オーストリアでは、人工的に呼び起こされた全般にわたる物価下落が今後引き起こすことが、予感されているだろうか。

物価が下落しているかぎりは、働く工場主はいない。工場主は休業し、労働者は何もすることがなくなるだろう。物価が下落しているかぎり、各人は貨幣を手放さず、誰もそれを支払いに用いない。というのも、世界中のどこに、その価値が増大し、**それを使えば明日には今日よりも多くの商品を手に入れられる**物を手放す馬鹿者がいるだろうか。

オーストリアで紙幣の代わりに金を導入すれば、産業は活力を奪われ、国民の納税能力は減少し、予算は最終的に不足することになろう。他のすべてのヨーロッパ諸国とは異なり、オーストリアの国家財政は昨年、最終的に黒字だった。これをどう説明したらよいのだろうか。

他のすべての国々では金が流通しているが、オーストリアではそれにたいして紙と銀が流通している。オーストリアが黒字を出せる唯一の国であるのは、偶然なのだろうか、それともその説明は、紙幣に求められるべきなのだろうか。

紙幣は金よりも安定して循環し、そう簡単には、そして少なくともそう長くは、流通から遠ざけられず、その結果、需要はより安定し、物価はより確固たる基盤を有することになる。

株式市場の金価格は、非常に迂遠な役割しか演じない。それは内的流通にはわずかしかかかわりをもたず、株式市場における金の価格変動は、流通にたいして、金本位制にともなう諸国の貨幣循環の不安定性が及ぼす壊滅的な影響を、そう長くは有さない。

紙幣本位制の結果、貨幣循環の停滞は硬貨を有する国々より少なくなるので、流通はずっと確実な基盤を有するようになる。仕事不足はそう簡単には生じ得ず、財政危機が労働者から蓄えを奪うこともなく、住民は納税能力を増し、国家は安定した歳入を自由にでき、その結果、決算は国家予算にとって好都合なものとなる。

しかし、証券取引を行なう人間たちは交換価値の変動を主張し、国際流通においていかなる確実な算定も許さない。価値の変動は、どちらの側に生じるというのだろうか。オーストリアの紙幣の側なのか、それとも金の側なのか。

ひとはオーストリアの紙幣を、あたかも金が確固たる決定的な価値基準でもあるかのように、金で測る！　では、金の価値は何で測ることができるのだろうか。商品価格によってである。株価によって示される、生産手段の価値によってである。しかし、金本位制をとる諸国における株式市場の相場表と市況報告は、昨年、金の価値が商品と生産手段にたいするきわめて大きな変動に耐えてきたという、まさに絶対確実な証拠を提供する。そのようなことはいまだかつて、整然たる紙幣制度をとるいかなる国でも観察されていないにもかかわらずである。

ドイツでは、過去何年間か、通常より迅速に金が循環し、需要が増大し、あらゆる商品の価格が上昇し、言い換えれば、金の価値が下落した。そして、それにたいする反動が来た。金はより緩慢に循環するようになり、流通から遠ざけられた。需要は落ち込み、物価は下落し、金は三十から五十、いやそれどころか百パーセントも購買力を増した。

したがって、絶えず大きさを変化させる尺度にともない、オーストリア人は、自らの紙幣は金よりもずっと決定的な価値を有しているので、紙幣が金本位制をとる国々で商品の平均価格を確定し、ウィーンの株式市場における金相場をこの平均価格と比較しさえすればよいのだ、と信じる気になってきている。そうなると、彼らは、金の相場変動はオーストリアの紙幣に原因があるのではなく、金自身に原因があることを、見てとることになろう。金の価値がオーストリアの紙幣にたいして変動するのであって、その逆ではない。そして、オーストリアの紙幣の方が金の価値がそれによって測られる価値尺度になるべきである。しかし、人間というものは、金にのめりこむ。金の価値不変性にたいする信仰が非常に深く根付いているので、最も単純な、最も表面的な事柄が、完全に見落とされることになる。ひとは金ですべてを測り、金と商品の価値関係が変動するなら、通常は事実は正反対であるにもかかわらず、その原因は常に例外なく商品に求められる。

金本位制の導入によって、オーストリアでは、産業を促進するという目的が追求されている。スロヴァキア人がその鼠取り器工場をまだ株式会社に転換できていないことが紙幣本位制のせいにされ、金本位制によってフン族やジプシーがすぐにでも聡明で有能な職人に変身することが期待されている。馬鹿げたことである！

まさに国家の貨幣制度がオーストリアの産業に与えている保護にたいして、スロヴァキア人は、自らの産業が外国との競争によってまだ押しつぶされていないことを、感謝しなければならない。

イタリアでは金本位制でいったいどんな目に会ったか、見てみればよい。イタリアでは、あの不幸な改革以来、商取引はうまくいかなくなっている。赤字は常に増大し、移住は絶えず増え続け、国民大衆のプロレタリア化はどんどん進行している。しかし、人はこのことを洞察しない。将来も洞察することはないだろう。経済的諸関係の悪化の原因を金に帰することは、はじめからあり得ないことと見なされている。

オーストリアでは、用心しなければならない。グルデン金貨は、それほど長くグルデン紙幣の代わりを努めることはない。逆に、はじめから全般的な物価下落、強烈な、長く続く経済危機が引き続いて起こることを望まないなら、二枚のグルデン紙幣の代わりをするには、少なくとも三枚のグルデン金貨が流通させられねばならない。

たしかに、金のより不活発な循環によってさもなければ必然的に生じてしまう物価下落に対抗するための手段、金のより迅速な循環を促進する手段は、さまざま存在するが、ここではそのようなものとして、次のものを特に挙げておく。郵便、電報による、あらゆる送金の加速、促進。宝くじや、貨幣を商品市場から余所に向ける、あらゆる仕組みの廃止。

とりわけ不信がはびこっている時期の、銀行預金の課税。郵便貯蓄銀行やその他の国家による貯蓄銀行の廃止、等々。

しかし私には、ひとが商品価値の下落や営業活動の麻痺に対抗する、このような、もしくは似たような手段に納得するとは、到底思えない。というのも、このような措置を講じることによって、原則として、貨幣の循環が一般的に商品の価格、言い換えれば貨幣の購買力に影響を及ぼすことを認める者は、さらに先を見て、紙幣、かねて純然たる本能がその将来を約束している貨幣を、硬貨、過去の貨幣に置き換えるような反動的な計画に、もはや必死になって取り組むことはないからである。

貨幣の循環が一般的に紙幣の価値に影響を及ぼす、もしくは及ぼしうることを認める者は、たとえ一片の論理と知恵しかもち合わせていなくとも、貨幣の価値は貨幣がそこから作られる素材とはまったく別の状況にかかっていることを、認めねばならない。

金の価値が循環によって影響を受けること、金それ自体が大きな価値変動を被ることを認める者は、金本位制の導入によって国をこの国際的な価値変動の巻き添えにするのではなく、何よりもまず国がその価値変動に翻弄されないようにすることを望むだろう。

金が交換の仲介者として何の役にも立たず、紙幣は、仮にそれが悪党によって管理されていたとしても、硬貨より依然として十倍もよい、という何よりも決定的な証拠を、目下のウルグアイ、アルゼンチンの両共和国が提供する。

この両共和国は、人口、肥沃さ、地理的位置、行政機関にかんしてはまったく同等であるが、ウルグアイは純粋な金本位制しかもたず、一方アルゼンチンでは、もっぱら紙幣が流通している。

両国は同じように重い負債を背負い、両国は同時に支払い不能を宣言した。しかるに、今日すでに、両国の発展にどんな違いが観察されうるだろうか。

ウルグアイでは、商業も流通もこれ以上ないほど麻痺しており、産業は死に、労働者は大挙してアルゼンチンへ移住しているが、一方ここでは、流通は目に見えて改善し、産業は仕事に追われ、かつてないほど揺るぎないものとなり、繁栄している。いたるところで進取の気性が姿を現わし、新たな産業がいたるところで起こされ、国民はもうすでに希望に満ちた眼を将来に向けている。

これをどう説明したらよいのか。概して物事の真因を究めることのない国民は、国とはそうしたものだ、と主張している。馬鹿げたことである！

金が流通しているウルグアイでは、金の一部はヨーロッパへの負債の返済のために出て行き、また一部は、現下の状況への懸念から、銀行家によって完全に流通から遠ざけられてしまっている。

現在、金はもはや事実上流通しておらず、需要は日々減少し、物価もおなじだけ下落している。産業はそれにより麻痺し、労働者は群れをなしてアルゼンチンへ移住している。というのも、ここでは貨幣を持ち出すことはできないからである。アルゼンチンの紙幣は、アルゼンチンでしか価値をもたない。それゆえ、貨幣は常に現存し、商品交換が妨げられることはなく、貨幣が循環から大量に遠ざけられることはあり得ない。というのも、銀行家は常に、不信や投機によって自らが流通から遠ざける紙幣を、政府が新たな発行によって代替する危険に晒されているからである。政府が財政上の窮境に陥るたびにいつもどおり発行する新たな紙幣によって、需要は引き続き増大し、物価は引き続き上昇傾向を示し、産業は倍加された活動に駆り立てられる。成果が現われないはずがない。仕事がなされ、多くの仕事がなされ、仕事がなされるところでは、富が生まれる。

継続的な新紙幣発行をとおして、物価は（たとえ名目上にすぎなくとも）間断なく上昇し、貨幣の価値はいっそう下落し、その結果、ここでは商品の方が実際上、貨幣よりも望ましいものになる。

政府が計画どおりこの発行を進め、毎月何百万かの新貨幣が発行されるなら、各人はさらなる貨幣の価値下落、物価上昇にたいして心の準備をすることができ、各人はその蓄えを貨幣ではなく商品に投資するだろう。しかし、政府は国の発展にとってよい結果を期待して貨幣を発行するのではなく、単に財政困難を切り抜けるために発行するので、慣例にしたがってあらゆる蓄えと余剰分を直接商品か産業投資に振り向けるとしても、国に生じる巨大な利益を見越しているわけではない。

しかし、それはそれとして、政府は決してパシャ経済によって財政困難を脱出するのではないし、整然と紙幣発行に立ち戻るだろう。物価は、それゆえ、引き続き上昇するだろうし、ここでは経済危機を恐れる必要はまったくない。

パシャ経済のせいであろうがなかろうが、あらゆる国民経済学者が驚いたことに、いわゆる専門家の予言に反して、国は発展するだろう。あり得そうなあらゆる説明が探し求められるが、真の説明だけは見いだされることはないだろう。というのも、紙経済——金崇拝者は紙幣をそう呼ぶのを常にしているが——のなかに、いったいどうやってこのような奇跡の秘密を求めることができるというのか。

今日引き合いに出される、貨幣は代替不能であるという証拠は、貨幣はそもそも商品交換を仲介すべきものなのか、という問題への事実に基づく論及を拠り所にしているわけではなく、ひとはジョン・ロー風の財政の素人が紙幣を用いて行なった、失敗に終わった試みを指摘することで満足する。ひとは、なぜこの試みが失敗に終わったのか、なぜあの紙幣はただの紙になるまで価値が下落したのか、を自問しようとしない。事態がそういう状況であるという事実だけで、国民経済学派の人々にとっては、紙幣は役に立たないと宣言するには十分なのである。

だから、われわれが、なぜあの試みは失敗に終わったのか探求してみよう。ローが犯した過ちは、単に、彼が硬貨に代わるものを求めたのではなく、王立銀行の充実のみを求めたところにある。紙幣は、国家の歳入を増やすために発行されたのである。紙幣は名目上金であり、紙幣と並んでまだ本物の金も流通していたので、商品交換は完全に金に基づいていた。たとえ名目上の金だったとしても、あらゆる請求書は金に基づいて発行され、あらゆる支払義務も金に基づいて発生し、国家は公課や税を金に基づいて徴収した。

ところで、われわれは、貨幣が需要を代表し、商品が供給を代表していることを、知っている。紙幣の発行によって紙幣の流通量が大幅に増え、需要と商品価格はそれに比例して上昇せざるを得なかった。高い商品価格は外国の商品を引き寄せ、一方では同時に、輸出を不可能にする。その直接的な結果として、輸入された商品の代価を支払うために、現金の金需要が増える。紙幣の保有者が銀行に金を保持しているかぎりは、万事うまくいった。しかし、これは長くは続き得ず、宿命的な必然性をもって、発行された紙幣によって人為的に高みに据えられた物価は、銀行のすべての金を限度を越えて追い求めざるを得なかった。銀行がもはや一覧の上で紙幣を換金回収できなくなるやいなや、私ならプレミアムつきの金を買い入れただろう。百フランの金と交換に、百十 - 百二十 - 百五十フランの紙幣が受け取れた。ともかくローが発行を中断していたら、事態はまだそれほど悪いものにはならず、プレミアムつきの金は百三十 - 百五十で手に入れられ、住民はしだいに紙幣に馴染んだだろう。しかし、彼はますます紙幣を発行し、それが需要と物価をますます押し上げ、輸入をますます増やし、プレミアムつきの金の価値は二百 - 三百に上昇した。

しかし、その紙幣においては、ローは保有者に金にたいする期待を抱かせた。したがって、請求書は金に基づいて発行され、銀行側からの支払約束が果たされる期待はますます弱まり、反対に、プレミアムつきの金の価値がますます上昇したので、現金貨幣を基準として債務契約を結ぶという慣習がしだいに生じた。

はじめ、紙幣発行の開始時には、金と紙が同等の貨幣として相並んで流通していたが、プレミアムつきの金が入り込んでからは、硬貨が回収され、もはや紙しか流通せず、現金の金に基づいて請求書が発行された時点では、再び紙と金が相並んで流通したが、それはもはや、同等の貨幣としてではなく、二つの完全に別々の敵対する貨幣種としてであった。

そして、ローが発行を増やせば増やすほど、需要は増大し、プレミアムつきの金の価値は高まり、請求書を現金の金に基づいて発行する慣習が広まった。そして、再び現金の金に基づいて算定することが慣習になればなるほど、交換の仲介者としての紙幣は利用されなくなり、その価値は下落した。そして、最終的に国家自身が公課を金で徴収するようになると、所有されていた最後の紙幣も使用されなくなり、それとともに、紙幣の価値もそれがつくり出される素材の価値になるまで下落した。

これが実情であるが、そこから紙幣は硬貨の代わりを努めることはできないという結論を引き出すためには、事実の単に表面にとどまらない考察を行なう必要がある。

ローの紙幣は、なぜ価値が下落したのか。過剰だったからである。たしかに貨幣は存在した。ひょっとすると王立銀行にはなかったかもしれないが、ともかくも流通していた。では、なんのためにまだ紙幣が。ローは金の代わりをさせたかったならば、金を流通からとり除き、紙幣だけに価値をもたせなければならなかった。彼は、硬貨を貨幣とは認めない法を公布しなければならなかった。彼は、すべての王立銀行にもはや紙幣しか受け入れず、私人の債務は紙幣に基づいて発生させた場合にのみ法の前で効力を有する旨を、定めねばならなかった。

さらに彼は、かつて流通していた金より多くの紙幣をどんな状況下でも発行してはならず、反対に、紙幣の総額を以前の硬貨の総額の約七十‐八十パーセントにとどまるように、取り決めた方がよかった。というのも、国民に紙幣にたいする信頼感を植えつけるために、ローは最初にそうすべきだったが、紙幣の一フランをそのより迅速な流通のために金の一フラン以上と交換し、物価すなわち紙幣の価値を硬貨と同じ高さに維持することを目指して努力しなければならなかったからである。

この方法で調整されれば、紙幣が価値を下落させることはあり得なくなったし、反対に、それが政治的な理由から望ましいと思われる場合には、紙幣の回収によって、その価値を金属の価値を超えたものにすることができただろう。――その結果、紙幣にたいして報奨金を払わねばならないことにはなっただろうが。というのも、疑いなく、もしローが紙幣の量を増やす代わりに減らしていたなら、まさに正反対のことがそのことから生じたはずだからである。

紙幣の回収は、直接的な結果として、需要と物価の下落を引き起し、物価下落は輸出を促進し、金を国にもたらしただろう。

それにしても、一フラン紙幣の代わりに金の一(?)フランやおそらくはそれ以上のものを受け取っていたら、それはどういう印象を国民に与えただろうか。

このようにして国民の紙幣に対する信頼感を固めた後、ローは、**国民を貨幣と金という概念は決して同一ではないという考えに馴染ませるために、金という言葉を紙幣から削り、別の言葉で置き換える**方向に進めばよかった。

なぜなら、金のフランより価値のある紙のフランは、もはや金ではなく、金とはまったく別の何かだからである。このようなフランは、金とは何のかかわりもない。金はフランにたいして、すべての通常の商品と同じ関係に立っている。多くの金が売りに出されるが、価値が下落することもあれば、逆のこともある。金需要と金供給は外国との商取引にしかかかわりをもたず、金は国内の流通にはもはや意味をもたなくなった。なぜなら、金という言葉が紙幣から削られた後は、請求はフランに基づいてなされ、フランという概念はおよそ金とは何のかかわりももたなくなったからである。

フランに基づいて計算がなされ、フランの価値は供給にかかっていた。雨が降れば、フランで多くのサラダを手に入れることができ、復活祭の季節のためにフランで冬よりも多くの卵を手に入れることができた。

しかし、紙幣はサンキュロットにとっても、プロシアの近衛兵や人気俳優にとっても、同じものであり得ただろう。その価値は、同じままであった。名声はその価値にごくわずかな影響すら及ぼさなかった。

ローは、紙幣に次の文面を書き入れることもできた。「フランスはこの証明書を百サンキュロットに当たるものと承認し、この証明書を偽造する、もしくは偽造されたものを流通させる者には、相応の殴打の罰を加える」。こう書いても、銀行券の価値をまったく損なうことはなかったであろう。

依然として、一フラン、一サンキュロットもしくはコミュナールの価値は、どれほど多くのこのようなフラン、サンキュロット等が流通したか、それがどれほど迅速に流通したか、供給がどれほど多かったか、にかかっていただろう。

あるいは、読者はひょっとして、何か王侯や高位聖職者のような者が、家臣の借地料を、それがサンキュロットに基づいて算定されたものであるがゆえに、受け取るのを拒否した、と考えるかもしれない。それは臭くない Non olet 、ここで通用さえしたならば。

それに、男爵がサンキュロットを受け入れないなら、彼はいったいどうやって自分の税金を払い、商人を満足させ、酒を売るつもりなのか。サンキュロットは皆に強い印象を与え、いたるところに入り込み、流通全体を牛耳る。道を旅する者、手紙を郵便局へもっていく者、自らの賃借料を支払う者は、サンキュロットを用意しなければならないし、それを手に入れる術を心得ないならば、災いが降りかかる。サンキュロットがなければ、誰も結婚式を挙げることができないし、サンキュロットがなければ、鐘の音とともに最後の安息に向かうこともない。

事情によっては罪人を煉獄から天国に送ることができる物、黒を白に変えることができる立場にあり、悲しんでいる者を喜ばしい気分にさせ、犯罪者のあらゆる罪過を洗い清め、高利貸しを平民階級の掃き溜めから貴族階級に上昇させる物は、高く評価される。誰もそれを手放さず、それを手に入れなければならない者は、この力と同等のものを商品において与えなければならない。

しかしそれは、数字が印刷された一枚の紙にすぎず、その価値と購買力はもっぱら、あらゆる販売はそれを用いてなされなければならないという法、商品を売り買いする者はその紙切れの助けを借りてそれを行なうことができるという慣習、に基づいている。

しかしながら、サンキュロットは、同族仲間を憎み、人里離れた所で暮らすことを好み、たくさんの同族が生まれれば、怒りのあまりしなびて縮み、その際にはあまり評価されなくなり、籠いっぱいのサラダの代わりにそれを半分しか受け取れなくなる。

疑いもなく、ローは、貨幣の価値はそれが作られる素材から独立しており、結果的にその貨幣を紙から作ることもできることを、知っていた。

しかし、この認識はまだかなり漠然としたものだったにちがいない。彼は貨幣をまだ国家資産の一部と見なしており、したがって貨幣を増やすことによって、国家資産を増大させようと考えた。

彼は、貨幣は需要を代表しており、貨幣の増加には、需要の増大、物価の上昇、輸入の増加、金の輸出が結果として伴うことを、知らなかった。

また、ローはまだ、金が硬貨に価値を与えるわけではないという認識とこれ以上ないほど明白に矛盾しているにもかかわらず、金は常に物価の基盤として、たとえ名目上にせよ価値を有するにちがいない、という錯覚にとりつかれていた。彼は、価値単位としてなんらかの抽象概念をもちこむことができるとは、思っていなかった。彼は、貨幣の価値はまったく商品供給にかかっていること、個々の貨幣は本来はその人に割り当てられた商品生産の分け前の所有権証をなしていること、したがってどんな名前をこの所有権証に与えるかはまったくどうでもいいこと、を知らなかった。要するに、ローは、貨幣は金から作られようと紙から作られようと、それ自体が完全に定まった価値を表している、と信じていたのである。

紙幣の価値を新たな発行によって引き下げる力が政府にあるので、紙幣は使えない、という主張がなされている。しかしながら、ではいったい誰が、今日、文明国の政府を作り上げているのだろうか。それは、その代表者をとおして統治する国民自身であり、国民の代表者に統治を委託するなら、新規の貨幣発行が願わしいか否かという問題の決定も、彼らに委託することができる。国の貨幣保有量を新たな金採掘によって増大させるべきか、それとも装身具を硬貨に鋳造し直すことによって増大させるべきか、の決定は、今は、冒険心に富んだ金鉱探し屋とおしゃれな女性に委ねられている。このような重大な、あらゆる状況に深く影響を及ぼす決定は、ドイツ国議会に委ねた方が、千倍も良くはないだろうか。

国家は新規の貨幣発行によって私人の資産を侵害しうると言われるが、同じことが日々、商品においても起こっていないだろうか。

ある都市で住宅建設のために多くの資本が使われれば、個々の家の価格は下がる。家の所有者は、他人の建設工事によって損害を被る。資本がとりわけ大量にある製品の製造に振り向けられると、時として多くの職人が破産する。

以前は運送業者が流通をとり仕切っていたところに、国家が道路を建設すれば、しばしば多くの村落は荒廃し、住民は移住を余儀なくされる。

国家と私人の活動によって土地所有と商品所有の価値が継続的に影響を受けており、それにたいして誰も敢えて抗議の声を上げていないことが見て取れるが、このような価値への干渉が政府の決定にかかっているならなおさら、いったいなんのために貨幣はここで例外をなさねばならないのか。

ドイツ人は皇帝に戦争と平和、自らの子供の生と死を委ねているのに、自らの貨幣は彼に委ねないのだろうか。

確かに、少なからぬドイツの農民は自らの子供よりも自らの貨幣や家畜を高く評価している。また、少なからぬ者が息子を銃弾に奪われ、とっくにそのことを忘れ去っている一方で、豚小屋に落ちた榴弾のことはまだ記憶に生々しくとどめている。なんと酷い輩であることか。Ech han meng Köh baal esu lef wie meng Konner. だが、このような原人はもはや多数を占めていない。こんな原人が立法に決定的影響を及ぼすことは、もはやない。

しかし、政府が当たり前のように貨幣から金という基盤を奪い取った後に、毎年新規の発行を行なったと仮定するなら、その結果はどういうものになるだろうか。

貨幣は価値が下落し、物価は上昇し、進取の気性は後押しを受け、失業は決して起こり得なくなり、国家資産は活発な産業活動をとおして増大し、納税能力は増し、国家財政 - 予算は最終的に黒字となり、利率は継続的に下落し、商品交換は加速されるだろう。

そのうえ、この発行には、さもなければ複雑で、流通の妨げとなり、人を苦しめ、費用もかかる徴税方式によってしか獲得され得ない、定期的な歳入を国家に得させるという、途方もない利点があるだろう。また国民も、蓄えを商品や産業施設ではなく貨幣に投資するという、国民経済的観点からいってまさしく**狂気の沙汰**といえる習慣を止めるだろう。

私はまだ読者に、こうした事情を把握することは求めない。私は、読者はまだ、このような定期的な貨幣発行の利点をその有効範囲全体にわたって把握することができるようになるには、今日まだ一般的に通用している貨幣理論の誤謬にとらわれすぎている、と見なしているので、私はただ回答として以下の簡単な問いを掲げるにとどめておきたいと思う。

貨幣が通常の商品と見なされるなら、なぜこの商品は課税されないのか。しかもそのうえ、国家は塩とパン、全種族によって神聖なものと見なされている塩とパンを、その貪欲な手中に収めているというのに。

貨幣が商品ではなく商品の代理であるべきならば、なぜ商品が支払うべき税をその代理から徴収しないのか。この方法で徴税した方が断然簡単であるならなおさらである。

貨幣が商品でも商品の代理でもなく、国家の流通装置であるべきならば、この流通装置の利用はなぜあらゆる負担を免れるべきなのか。他のあらゆる流通装置にたいしては、運送料を国家に支払うべきであるにもかかわらず。

今日ドイツで流通している硬貨はすり減っているが、それはそれを利用する者たちの負担にはならず、国家の負担、公共団体の負担、まったくもしくはまれにしか硬貨を利用しない多くの人たちの負担になっている。これは公正なのだろうか。

私は、読者にこの小著をさらに読み進めてもらわないうちは、これらのいずれにせよかなり簡単な問いにたいして、回答は求めない。

価値尺度についての作り話

貨幣は、あらゆる商品の価値を測る、巻き尺である。

この含蓄のある言葉をひとは定期的に繰り返し耳にしているし、貨幣のことは頻繁に話題にのぼる。あらゆる国民経済にかんする著作に、この古典的な馬鹿げた言葉が見いだせる！

一マルクの価値はどれほどの大きさか、私に言える勇敢な人物は、どこにいるのか。

一マルクは重さ十四グラムの銀一個であり、この銀の価値は、商品の価値にたいして、銀の生産と商品の生産に必要な労働にたいするのと正確に同じ関係にある、とマルクスは彼の資本論で述べた。

いずれにせよ、マルクスは商人ではなかったし、よしんばそうだったとしても、彼は自らの商売を相当な小商人根性で営んだにちがいない。私なら、ともかく彼には信用貸しはしなかっただろう。というのも、今日こんな理論に基づいて商売を行なう者がいたら、またたく間に破産するだろうからである。

貨幣が尺度であるべきならば、何よりもまずそれ自身が確固たる尺度もしくは価値を有していなければならない。では、一マルクの価値はいったいどれほどのものなのだろうか。

この問いには、無数の「もし」とか「しかし」とかいうためらいの手を借りてしか、答えることができない。

もし貨幣が緩慢に循環すれば、その価値は増大する。しかし、貨幣循環が加速されれば、この価値、貨幣の購買力は即座に下落する。

もしオーストリアで紙幣が金本位制によって置き換えられるなら、金の価値は世界中で上昇するし、それは、もし富くじやスポーツや他の貨幣運用によって、多くの貨幣が商品市場から引き離されると、金の価値が上昇するとの同様である。しかし、もし不適切な時期に多くの装身具が硬貨に改鋳されると、それは即座に下落する。

もし分業が増えると、またもしドイツの農民が甜菜《てんさい》から文化にその活動を集中させるようになり、その代わりに食料品を買わねばならなくなるなら、商品の供給は増大し、貨幣とその購買力への需要は増大するが、この貨幣の価値上昇は、支払方法の緩和と加速化、小切手制度の改善によって妨害される、等々。

要するに、価値尺度などは問題にもならない。銀と金に具現化した労働など、決して貨幣の価値に影響を及ぼさない。

貨幣の価値不変性を当てにする商人に災いあれ。そんな商人はまずい事態に陥る。

価値尺度という名に値する貨幣を手に入れようとするなら、金が今日被っている無数の影響からそれを引き離さなければならない。

そのためには、何よりもまず、国内の貨幣が必要となるだろう。オーストリアで銀鉱山が発見されたり、日本で借金をかかえた役者が首飾りを硬貨に改鋳したり、スペインで宝くじが減少したり、オーストリアで金本位制の導入が延期されたという理由で、ドイツのターレルの価値が被る損害よりも、馬鹿げたことが世の中にあるだろうか。

したがって、貨幣は何よりもまず、外国の影響を免れていなければならず、そのためには、持ち込むことも持ち出すこともできない貨幣が必要である。つまり、紙である。

さらには、貨幣が商品交換以外の役には立たないように、したがって装身具に加工され得ないように、配慮されなければならない。つまり、紙である。

第三に、貨幣ストックの増加は、冒険心に富んだ金の採掘屋しだいであってはならず、このような重大な決定は、商業の必要に合わせられ、政府によって適切に行なわれなければならない。つまり、紙である。

しかし、最も重要なことは依然として、貨幣が完全に整然と循環し、投機によっても不信によっても、流通からとり除かれることができないということである。これを達成するためには、貨幣を、腐敗や錆が商品に加えるのと同じ圧力のもとに置く以外にない。つまり、貨幣を市場にもたらすのを怠る貨幣保有者は皆、怠惰がすぎて商品を売りに出せない商品所有者と同じ損害を被るようにするのである。

この方法でのみ、需要と供給が常に、いつの時代にも、平時と同様戦時にも、バランスがとれるようになり、この方法でのみ、商品が不動の価値を維持できるようになり、貨幣を用いることで価値尺度も手に入れることができるようになる。

貨幣の循環が完全に安定していないかぎり、ある時は貨幣を流通から引き離し、またある時は流通に乗せることが、銀行家の気まぐれにかかっているかぎり、貨幣の価値は引き続き不安定になり、商品の価値は上下し、価値尺度などはまったく問題にもならなくなるだろう。というのも、貨幣の循環が商品生産と歩調を合わせているときにのみ、貨幣の購買力、貨幣の価値は変動せずにいられるということは、ゆるがせにしてはならないことだからである。しかし、商品生産はその本性からして安定性が頼りであり、貨幣循環の不安定性によって絶えず影響を受けていなければ、今日でも完全に安定しているだろう。それゆえ、貨幣の循環も安定、完全に安定していなければならない。

誰が貨幣を必要とするのか

供給と需要が物価を決める。需要が増えれば、物価は上がる。

貨幣にたいする需要が大きくなればなるほど貨幣の**価値は下落する**という事実は、この自然律と一見矛盾しているように思われるが、このことについて納得するためには、市場価格を利率と比較してみさえすればよく、そうすれば常に、利率が高くなればなるほど市場価格も上がり、貨幣の価値は下がるのが、分かる。

どうしてこういうことになるのか。

貨幣にたいする需要が増大すると――そのことは利率の上昇から明らかになるのだが――、前述の法則にしたがって、貨幣の価値、その購買力は増大するはずだと思われる。この自然律への違背は、どうすれば説明がつくのだろうか。

その説明は簡単、あまりにも簡単なので、私は読者にたいして、それにかかずらうのは遠慮しておいて、ただ、貨幣制度にかんして一般に広まっている見方がいかに根本的に誤っているか、硬貨がどれほど恐ろしい危険を秘めているか、についての新たな決定的な証拠として、この章全体を引き合いに出すにとどめておく。貨幣とは何か。交換の仲介者である。誰が貨幣を必要とするのか。**交換の仲介者**を必要とする者、収益で別の商品を買うために、商品を売りに出す者である。

したがって、**資金需要は商品が供給されるところでのみ盛んとなり、貨幣にたいする需要は商品の売り手のみが支えている**。そして、そういう事情であるならば、われわれは商品の供給、交換の仲介者にたいする需要が増大すればするほど、交換の仲介者の価値は高まり、貨幣の購買力は高まることが、分かる。

今日貨幣需要と呼ばれるものは、商品にたいする需要以外の何物でもない。公債によって集められた貨幣には、交換される商品が一切ない。国家は貨幣を交換手段としてではなく、購買手段として利用する。公債によって、国家は貨幣循環を加速化する。需要が増大する。物価は上昇し、貨幣は価値を下げる。これが、なぜ自然律に反して、貨幣にたいする需要が見かけ上増大すればするほど、貨幣の価値が下落するのか、についての簡単な説明である。

物価の上昇、高い利率は、国内で需要、商品消費が生産よりも増え、国民が赤字をかかえてやり繰りし、貨幣循環が商品生産と足並みを揃えていないことの、徴候である。

では、どこかある国で、貨幣にたいする需要が増え、利率が上がっているとしたら、何がなされるべきだろうか。このような場合には、特別な大増税によって、貨幣量に正確に相応したこの需要の一部を流通からとり除き、なくしてしまう以外に方法はない。

この措置の結果、貨幣ストックの減少によって、商品にたいする需要はその充足の可能性に応じて減少し、物価と利率はすぐさま減少していく需要に同調するだろう。今日、全世界で、まさにこれと反対のことが起こっている。

ある国で貨幣が多すぎ、商品の消費量が生産よりも多く、利率の上昇によってこういう事態が見え始めているなら、高い利子によって四方八方から外国資本がおびき寄せられ、このような国が抱えている赤字は、このような貨幣輸入によってなおも増大させられるしかない。その論理的な帰結として、利率と商品需要は、新たな貨幣が輸入されるのに比例して増大し、あらゆる物価が上昇する。

物価上昇には、彼らの側では他方また、国内産業が国外産業との競争に耐えられなくなり、停滞させられ、破産させられる、という結果が伴う。

そうなると、われわれは、資金需要という言葉の誤った解釈がいかに国全体の負債と破産という結果を伴うか、を目にすることになる。諸国民が、より大きな貨幣需要によって惹起された利率の上昇は貨幣不足ではなく貨幣過剰を指し示している、という認識に達していたなら、どれほど多くの災厄、自殺、倒産、貧窮、革命が予防できていただろうか。この簡単な事情を認識できていたら、どれほど多くの財務行政等のいかさまが予防されていたことだろうか。

どのくらいの量の貨幣が一国内で循環できるのか

ある国の富がまだ非常にしばしばその財源にもとづいて評価され、少なからぬ政府がまだ国の貨幣ストックを人為的に増やそうとしているのは、ひとえに貨幣制度の根本的な研究の完全な欠如のせいである。

供給と需要が物価を決める。

供給、その最も純粋な形態における商品は、労働者によって具現化される。需要は貨幣によって具現化される。

今日、労働者は多かれ少なかれ困窮しており、その日暮らしをしているので、供給は年々歳々まったく一定している。つまり、胃袋の欲求は大量の労働者に、供給を一日でも途切れさせることを許さない。

そこで、このように永遠に供給が一定しているところで、貨幣の増加や貨幣循環の加速化によって需要が増大すると、バランスが崩れ、物価、すなわち労賃が上がる。

しかし、今日の国際的な貨幣制度のもとで、道路や汽船による輸送にはわずかな費用しかかからないならば、ある国の商品価格はいつまでも他国よりずっと高いままではいられない。というのも、商人が国内産業の製品に百グロスの金を支払わなければならない一方で、外国の同じ品物は十分の一グロスほど安く手に入れられるなら、彼は外国の製品を選ぶだろうからである。

その際、このような輸入には結果として、驚くほど短期間で、強奪行為、公債、循環の加速化によって増加させられた貨幣によって国境を越えて引き起こされる、金流出が伴う。

そして、こういう場合には、保護関税もほとんど変化しようがない。というのも、労賃の引き上げが、国内産業のみならず、同じくらい輸出にも、負担となるからである。輸出されることになっている商品は、価格を他国の製造者に合わせせなければならない。高い労賃の結果、商品を競争価格で提供できなくなると、製造者は工場を閉鎖することになる。そうなると、商品輸出の衰退の後に、金輸出がすぐ続いて起こる。完全には外国貿易を断念するつもりのない国は、それゆえ、自らが関係を維持している国々よりも多くの貨幣を流通させることはできない、というよりもむしろ、自分たちの間で通商関係を維持しているあらゆる国々は、同じ量の貨幣を保有することになる。貨幣は水のように、連通管の法則に従う。

もちろんその場合、どれほど分業が進んでいるか、どれほど小切手制度が発達しているか、どれほどすばやく貨幣が循環しているか、どれほど多くの貨幣が、宝くじのような単なる貨幣運用によって、商品市場から別の方向に向けられているか等を、考慮に入れなければならない。このような数多くの状況をすべて考慮に入れれば、国際流通に関与しているあらゆる国々で、同じ量の貨幣が循環するのが、分かるだろう。その貨幣は金であろうと、はたまた銀、紙であろうと、関係はない。

貨幣ストックの人為的な増加は、貨幣量の実質的な増加によるものであろうと、貨幣循環の単なる加速化によるものであろうと、金本位制をとる国々では即時の金輸出を、紙幣本位制をとる国々では金相場の上昇を、結果として伴うし、今日ドイツで小切手制度が改善されれば、即座に金が国境を越えて激しく溢れ出ても、驚くには当たらない。

こうした事情は子供でも分かるが、それだけにいっそう、まだ非常にしばしばこのきわめて単純な法則に反する行動がとられていることには、驚きを禁じ得ない。

この単純な法則にたいする違背は別としても、フランスの十億のドイツへの輸入は何だったのか。ここアルゼンチンで、ヴェレラ大臣はつい最近、国立銀行の金売却で何をしようとしたのか。この人物は、金相場の上昇はひとえに投機家の仕業なので、金相場を押し下げるために、ためらうことなく法的に手を触れることのできない銀行の金預金を売りに出すと口にすることに、何の迷いも感じていなかった。彼は同じようにうまく金を海に投げ捨てることもできただろうし、最後の審判の日まで金売却を続けることもできただろうが、いつになっても決して自らの目的を達成することはできなかっただろう。なぜなら、ここでは、アルゼンチンと関係をもっている国々よりも多くの貨幣が流通していたからである。金相場を押し下げることが国家の利益に適っているならば、そのためには二つの手段しかなかった。貨幣ストックを紙幣の回収によって減らすか、それとも貨幣循環の速度を落とすか、である。最初の方は、金売却によって銀行に流れ込む紙幣の破棄によって、比較的容易に達成されていたことだろう。後者は、富くじ等の導入、信用制度の制限、利率の軽減等によって、いっそう簡単になっていたことだろう。

どうすれば貨幣は循環するのか

金に一定の、金生産にのみ影響を受ける価値を付与する者はまた、商品が金を循環させる、という結論に達するにちがいない。

マルクスはこれを信じていたし、そう信じなければならなかった。というのも、彼の田舎くさい貨幣価値理論に基づけば、そうなるからである。

マルクスは、あらゆる商品を、そのあらかじめ労働を基準として定められた価格で市場に登場させ、この価格を基準として、商品購入のために貨幣の保管場所から引き出される貨幣量が算定された。

このようなやり方で、マルクスがいったいどうやって財政危機や暴利、投機の発生のことを納得したのか、私には判然としない。いやそれどころか、需要と供給による価格決定は、このような貨幣の循環によって帳消しにされるのである。

何が商品を市場にもたらすのか。それを貨幣に変える願望である。

何が商品を市場に駆り立てるのか。錆、腐敗、火事、泥棒、保管料への恐怖である。商品が貨幣の形をとらないかぎり、それはその所有者にとっていかなる価値ももたず、商品が自然の破壊要因の影響下で日々重量、分量、価値を減じていく状況は、所有者にいかなる安息も許さない。商品は、それが生み出された日からそれが販売される場所にたどり着く日まで、毎日変わらず、ひっきりなしに市場に運び込まれる。

これは貨幣にも当てはまるのだろうか。商品に変える願望が貨幣を市場にもたらす。しかし、貨幣の背後には、商品の背後に潜んでいるのと同じ動因が潜んでいるだろうか。

まったくそうではない。貨幣は腐らない。貨幣が循環から遠ざけられると、あらゆる商品の価格は下落し、とりもなおさず貨幣の購買力、価値は増大することになる。

貨幣を保管場所から引き出すのは、それが腐るという心配ではなく、何かを手に入れたいという願望である。それゆえ、貨幣の背後と商品の背後には、二つのまったく異なった動因が潜んでいる。それは、一方では損害から身を護りたいという願望であり、他方ではいくばくかの利益を得たいという願望である。

貨幣がこの保有者の願望を満たせなければ、貨幣は再び保管場所にもぐり込むが、商品は市場に取り残される。

貨幣の保有者は、商品がそこに売れ残っていることを知っており、彼はまた、腐敗、錆、保管料が商品の所有者の気力をくじき、言いなりにさせることも知っており、彼は商品を供給者が望まない価格で手に入れるためには、待ってさえいればよいことを知っている。

商品の所有者は貨幣保有者に、商品を貨幣保有者に儲けを残す価格で引き渡さなければならない。さもなければ、貨幣所有者は商品に手を伸ばさない。というのも、あとで十マルクで売るために商品を十マルクで買い入れる商人が、どこにいるだろうか。

したがって、貨幣は商品交換を、いくばくか儲けるという条件のもとでのみ、仲介する。これができないなら、商品所有者が自らが被る損害によって弱腰になり、価格を引き下げるまで、貨幣は交換を遅延させる。

それゆえ、商品はその価格のまま市場に出ることはなく、貨幣所有者が価格を指示し、競争がそれに修正を加える。商人は、商品を買い入れる前に、必要があるかどうかではなく、需要が現にあるかどうか、すなわち、消費者が自らの商品にたいする必要性を貨幣で満たせる能力があるかどうか、消費者がどれくらいの貨幣をその商品に投資することができるか、を問う。まず最初に、この算定にしたがって、商人は、自らが支払え、生産者が否応なく引き下げざるを得ない価格を、しっかり決める。

それゆえ、商品が貨幣を循環させると主張するのは、馬鹿げている。なぜなら、事実はその正反対だからである。

等価物についての作り話

貨幣保有者が、商品所有者が彼らに自らの所有物の一部を貢ぎ物として代償なしに譲渡するという条件でのみ、商品の交換を許すのであれば、いったいどうすれば貨幣に商品の等価物という名前を与えることができるのか。

十マルクが一個のリンゴの等価物であるならば、なぜ商人は九マルクで複数のリンゴを要求するのか。リンゴの所有者は、なぜリンゴをより安く渡さなければならないのか。

リンゴの等価物は、せいぜいのところ、リンゴと同じ属性を有する物、言い換えれば、リンゴが腐るなら腐る物でしかあり得ないだろう。

たとえば北極の一杯の熱いコーヒーとアラビアの一片の氷は等価物であろうが、これら二つの商品の交換が問題となるならば、所有者双方が交換に際して余計に儲けようとはせず、両当事者のおのおのがその商品の等価物を欠けることなく手に入れることを、確信できるだろう。

マルクスは、労働者と工場主を対等な商品所有者と呼ぶ。なぜなら、工場主は労働者の労働力を買うための貨幣のかたちで、その労働力の等価物、すなわち、平均して相応する量の金を掘り出すのに必要とされる労働の総量、を所有しているからである。

これはどういう意味なのか。いったいどうしたら、誰であれ金の輝きに欺かれたままでいられるのか。ここのどこに対等性が存在するのか。どこに等価物が存在するのか。労働者がなおも工場主と交渉している間も、労働者は損害を被り、一方、同じ時期に工場主の貨幣は銀行に利子をため込んでいるというのに。

それに、交渉がいかなる成果も上げられないとしたら、どうだろうか。労働者は日給、週給、月給を失い、マルクスによれば貨幣の等価物、対等な商品であるはずの商品を失うが、他方、貨幣は何の損害も被らない。逆に、貨幣はその間に価値、購買力を増す。なぜなら、労働者の損害は彼らを意気消沈させ、自らの商品をなんとしてでもすぐに売り払いたい気にさせるからである。ここには、等価物、対等性は、その痕跡すら見いだせない。

労働者の商品などというものは、生え出てくる無数のキノコのごとく、束の間のものである。それは一時も保存しておくことはできないが、他方、貨幣、マルクスによるところの対等な商品は、あらゆる金属のなかでも最も長持ちするものから造られている。

実際のところ、工場主が労働力を買うために、金の代わりにミルクやパンなどのような一時しかもたないものを所有していたら、対等性は現に存在していただろうし、労働者の方も自分たちがだまされて甘い汁を吸われているわけではないと確信できただろうが、現実には彼らは無条件に貨幣の保有者に服従させられている。それによって何の利益も得られなかろうと、貨幣保有者同士の競争だけが、商品の価格を決定する。儲けがなければ、あらゆる貨幣保有者がこの商品から手を引く。商品の所有者、労働者は、労賃では決して自らの商品の等価物を手に入れることはない。硬貨がこの商品の交換を仲介しなければならないかぎり、彼らは決してそれを手に入れることはできない。なぜなら、誰も決して腐らないものは与えず、同じ価値だが腐る商品には貨幣を渡さないからである。

農民がその靴下のなかに保管している貨幣は誰のものか

ドイツで手形の割引等に従事している銀行、私人の資本を合計すれば、ドイツで循環している全貨幣よりも大きな金額になる。

一つの品物は一人の所有者しかもてないが、いまや無数の私人の財布に突っ込まれている貨幣が誰のものなのか、疑わしくなっている。

銀行家は、それはわれわれの貨幣である、と言う。農民は、そもそもあの靴下のなかの貨幣が自分の所有物ではないかもしれないなどと疑う余地があることに、驚いて、反論する。

われわれは、どちらの言い分が正しいか、ただちに見て取るだろう。仮に銀行がすべて、その資本、貨幣、資産を流通から引き離し、その貨幣の保管場所に集積することで、一致したとしよう。――それは、資本が損なわれていないことを株主に証明するためでしかないだろうが。

銀行はその目的のために、もはやいっさい手形を割り引かず、誰にも信用を与えず、それに代わって、この上ない厳格さで未回収金を取り立てる。私人から商人にもたらされる貨幣は、即座に、貨幣が引き止められている銀行に向かう。

このようにしていっそう多くの貨幣が流通から引き離され、それとひきかえにいっさい貨幣が還流しなくなると、貨幣がすぐにも不足し始めることは明らかである。日々、貨幣は稀少になっていく。誰ももはや買うことはできず、商品はその場から動かなくなる。われらが農民は、売上金で煙草を買うために、子牛を市場に連れて行く。そこには買い手は見つからないが、煙草をあきらめることができないので、彼は靴下に手を突っ込み、煙草を買う。商人から、ターレルは即座に、貨幣が引き止められている銀行に向かう。

しかし、子牛は売れないし、いつまでも売れないままである。農民は靴下からターレルを取り出して他人のところにもっていき、それは靴下が空になって、株主にその資産が呈示される銀行にその中身が商人から転がっていくまで、続く。してみると、農民が靴下のなかに隠しているターレルは、誰のものなのか。

ターレルは銀行のものであり、銀行はそれを農民に貸していただけであり、しかも徒にそうするわけではない。農民は個人的にはまったく銀行とは関係がなく、銀行には一見そのターレルにたいする請求権が全くないように見えるにもかかわらず、農民は利子を払わなければならない。

農民は、たとえ直接的にではなくとも、銀行に利子を払っている。農民はそれを、回り道をとおして、支払っている。農民は利子を、銀行のターレルを信用にもとづいて借用している商人に、高い商品価格というかたちで支払っているのである。

私は、豚の売却代金として得たものは農民の財産ではないということを農民に分からせることを、読者に勧めているのではなく、それは銀行家のものであり、それどころか農民は利子を払わなければならないということを、農民にはっきり分からせることを勧めているだけである。そうしても、うまくはいかないだろうが。

しかし、私は、ドイツの偏狭固陋な俗物に、彼らが利子付きで銀行家に寄託した資本はまったく彼らの資産をなしてはおらず、彼らが銀行家から手に入れる三パーセントの利子の代わりに、他方では商人にほぼ六パーセント高い商品価格で支払をしなければならない、ということを説明することは、読者にたいしてなおさら勧めない。

そんなことをすれば、気が狂っていると言われるだろう。

蓄え

貨幣は需要を代表し、商品は供給を代表する。貨幣を蓄える者はそうすることによって、商品に手をつける気になる日、つまり通常は**悪い時代**に備えて、需要を先送りにする。

悪い時代は、しばしば不作の結果、つまり消費のわりには生産が不十分で、国民の大多数が自らの**蓄え**に頼らねばならない時代に、忍び寄る。

さあ！ 抜け目のないやつ！ 彼らは何を蓄えたのか！ 彼らは**不作**の時代に飢えを満たすために、過剰の時代に**飢え**を蓄えたのである。

貨幣は、銀行、靴下、保管庫から、引き出される。ひとは貨幣をもって市場に駆けつける――だが、そこは空っぽである。需要は増大し、物価は上昇し、二十年にわたる骨の折れる労働で蓄えられたプフェニッヒは、たった一度の不作で失われる。

ロシアでは、数年前はまだ、国有の穀物倉があり、そこには不作の年のために穀物が蓄えられていた。この穀物倉は、当然のことながら、利子をとるようなことはなく、むしろ反対に、国家にとって損失の元であった。現在の天才的な財務大臣は、この損失を回避できると信じており、穀物を外国に金と交換で売り、それを銀行に蓄えた。

いま、不作が起こり、財務大臣は貨幣保管庫を開き、国民に貨幣を分け与え、われわれに自信満々で言う。

「腹いっぱい食べろ！」

国民は救いのルーブルめがけて殺到し、教会では「テデウム」が唱えられ始め、大臣は神のごとく崇め奉られる。

人々は貨幣をもってパン焼職人のところへ駆けていき、パンや腸詰め、でなければあらゆる良質で高価な物を求める。

ああ悲しや！ パン焼職人は、需要が増大するのを目にする。彼は供給するのを止める。物価は、大臣の金が国じゅうに溢れ出るのにぴったり比例して、上昇する。住民は、以前と同様貧しくなり、いっそう貧しくなる。というのも、自らの貨幣、自らの蓄えは、人為的な需要の増大によって購買力を減少させてしまったからである。

なんということだ！ 飢えはまだ満たされておらず、皇帝は驚いて問う。「私はなんといっても三百万ルーブルを分配させたのだ。これで十分なはずではないか」

自分のところの金庫が空なので、いまや外国から金が調達される。しかし、おかしなことに、金が入ってくればくるほど、需要は増大し、供給は退き、困窮は拡大する。

需要が住民自らの資金に限定されていた飢饉の初期には、パンへの需要は乏しい資金に応じて小さなもので、物価は穀物の必要性が大きいにもかかわらず低いままだったが、財務大臣の貨幣によって需要が人為的に増大させられると、物価はそれに比例して上昇せずにはおかなかった。

飢えた者たちは、金融大臣の貨幣からは、最小の利益すら引き出さなかった。唯一そこから儲けを引き出したのは穀物取引業者であったが、この人々に無数の国家手段を直接与えていたら、同じくらいうまくいき、もっと簡単であっただろう。

需要と物価を押し下げるためには、困窮している地域に貨幣を送る代わりに、大臣は特別な多額の税金を課さねばならなかった。ついで、余所から貨幣ではなく穀物を調達し、この穀物を困窮している地域に輸送せねばならなかった。しかし、貨幣は一セントも配るべきではなかった。

そうすれば、需要は減少し、穀物所有者はその価格をすぐにも、この減少していく需要に合わせなければならなくなっただろう。

このロシアの苦境は、蓄えを貨幣に投資する慣習がいかに気違いじみたものであるかを、われわれに徹底的に例証している。この苦境の責めはいかに直接この悪習が負うべきものであるかを、ここで見て取ることができる。

個々の住民がその蓄えを貨幣に投資する代わりに、自らの生産手段を改良し、保管庫をいっぱいにする方に振り向け、農民が自らの穀物を換金するのを急がず、財務大臣が、ルーブルを食べることができる、という妄想にとらわれず、金はまったく資本などではなく、現存する入手可能な資本の交換のためにのみ役立つものであることを理解し、穀物倉を維持していたら、この不作や翌年の不作が苦境を引き連れてくることはなかったであろう。国は、途方もない新たな責任を背負い込むことはなかったであろう。所有関係の法外な変動も、起こり得なかったであろう。貨幣を資本や蓄えと見なす悪習によって直接ひき起こされたロシアの苦境は、ロシアで千人の投機家を億万長者にし、数百万の製造者をプロレタリアートにした。所有権と生産手段に資本蓄積の責任を押しつける、社会主義理論の立場からすると、事実が意外な発見に素材を提供する。

しかし、蓄えを貨幣に投資する慣習は、不作の視点から、今日の貨幣制度の危険な帰結であると見なされるのみならず、産業にとっても、この乱暴な行為はぞっとするような結末に到る。

各自の蓄えを貨幣に投資し、おのおの需要を過剰の時代から不作の時代へ先送りすることによって、商品は商店や仕事場に滞留し、製造者はその商品の必要性の有無についての微かな手がかりすらなしに、それを目指して働く。その商品が顧客を見いだせるかどうかは、まったく不確実であり、偶然に任されている。製造者はまったく暗中模索し、商品を発注する商人にとっては、無数の状況に影響を受けた商況だけが、唯一の指針となっている。商品の売れ行きにかんする確固として信頼できる基盤は、完全に失われている。商人の注文はすべて、商品の市場性にかんして常にリスクを抱えており、このリスクの大きさは当然、物価に被せられる。

工場主も商人も、商品の必要量を見積もることができず、そのうえ必要量と需要は今日ではまったく別物であり、需要は無数の状況に影響を受けた貨幣の循環にかかっているので、ある商品は非常にしばしば、現にある需要よりも多く供給され、またその逆のことも起こる。

その結果起こるのは、商取引と産業の絶え間のない動揺であり、倒産、失業につながる、絶え間のない価格変動である。

貨幣制度の改革によって、各自が蓄えを商品に投資するか貨幣の代わりに産業設備に投資することを強いられるようになった暁には、諸々の状況は即座に、流通と産業における救いようのない混乱とはいかにまったく異なった形をとらざるを得なくなることだろう。

商品の必要量は、即座に増大するだろう。商人の商品倉庫は姿を消し、製造者は注文、消費者の直接の注文を受けた場合にのみ働くだろう。その際には、おのおのの商品には、前もってすでに顧客がついているだろう。職人はもはややみくもに働くことはなく、売り物の必要性が薄れると、注文の減少によって常に十分前もってそれを知ることができるだろう。

経済危機は、もはやまったく問題にもならなくなるだろう。

しかし、こうした事態には、さらに別の結果も伴う。今はいかなる私人も商品を買いだめしようとは考えないことによって、国の全在庫品が常に衆人環視のもと商店に店ざらしになる。そのことによって、投機家は、ある種類の商品の在庫を正確に見通す力を身につけ、この在庫は常に購入可能なので、このうえなく厚かましい投機を成功裏に完遂するための確実な基盤を常に有することができる立場に立つ。

投機家は、不意の間髪を入れない買い占めによって、次の日にはもう、ある種類の商品の在庫をすべて手中に収め、そうなると、値上げによって消費者の窮境に好きなようにつけ込めるようになる。このようにして毎日毎日投機家の懐に転がり込む十億に、いったい誰が値しようか。何百万というアメリカの独占資本家が、このようにして生み出されてきた。

このような商売のやり方にその原因を帰すべき倒産に、いったい誰が値しようか。私人が貨幣制度改革によってその蓄えを商品に投資することを余儀なくされるならば、投機はその生存条件を奪われるだろう。というのも、もはや誰も、商品在庫のイメージを得ることができなくなり、もはや誰も、投機目的で商品を私人の保管室から取り上げることはできなくなるからである。

しかし、そこが問題なのだが、いったい誰が蓄えを商品に投資するのか。商品はいつか駄目になるし、いっさい利子も生まない。

これは、まったくもって正しい！　だが、今日店に置かれている商品はたしかに傷むが、それは誰の責任だというのか。それに、銀行家が預金にたいして支払う利子は、誰が最終的に支払うのか。

この利子はまさか天から降ってくるわけではないし、紙幣が銀行で繁殖して子を生むとは考えられない。誰かがこの利子を重労働することで払っているにちがいない。

銀行は四パーセントの利子を払うが、貸し付ける代わりに商人から六パーセント徴収する。六パーセントの利子を支払わねばならず、道楽で商売をやっているわけでもない商人は、商品価格に十パーセント上乗せし、彼らの方で掛け売りをする場合には、その信用の代償としてさらに二パーセント上乗せする。商人のところで掛け買いする預金者は、それだけいっそう多くの貨幣を銀行にもたらすことになり、年月が経つうちに、他方における四パーセントの利子の代わりに、十、十五、二十パーセントを商品価格に付け加えることになるのが分かる。これは預金と称されているが、この種の預金をドイツ政府は自らの意のままになるあらゆる手段をもって奨励するのである！

私人は自らの貨幣を銀行にもっていき、銀行家はこの貨幣を自由に使用することができる。われわれはすでに、投機家がある一定の種類の商品の在庫を手中に収めることに成功した暁には、どれほどの力をもつことになるか、市民自らが国のすべての貨幣を自由に使わせる銀行家の力が、いまやどれほど大きなものになるか、を見てきた。——貨幣は、流通全体がそれを基盤としており、それなしでは誰も一日たりともうまくやっていけないものであるにもかかわらず。

あらゆる国々で形成され、その構成員はほぼ一つの家族の一員であり、あらゆる企てに際して互いに兄弟のように支え合う、金融集団は、いかなる目的を追求しているのだろうか。

彼らの目的は、他にどんなものであり得るというのか。

首領の指示にしたがって、世界のあらゆる国々でひとを不安に陥れる噂が広められる——ひとは世界が破滅すると思い込む。強奪行為には備えが肝心だからである。

プチブル的な俗物は即座に怖じ気づいて、貨幣を流通から引き上げ、言うなれば銀行というライオンの洞穴へ持参する。銀行家は貨幣をにこにこしながら受け取り、預金者に四パーセントの利子を支払う。しかし、彼はこの貨幣を再び流通に戻す代わりに、握って放さない。

その結果、貨幣はすぐにも流通不足に陥り、需要は減少し、紙幣の流通は不意に減少する。国民はこの減少の説明を例のひとを不安に陥れる噂に求め、銀行家はその事態を自らの一連の著作で説明し、さらに何百万もの利益を上げる。

ひとは株式市場のことを罵り、それを毒の木と呼ぶが、誰も、貨幣、黄金の子牛、貨幣を貯蓄施設に蓄える悪習が、真の毒の木であることを、洞察しない。原因と結果の永遠の取り違えも、ここでは気づかれることはない。

利子

遠い遠い祖先の一人が、かつて何世紀も前に、まったく自力で他人の助けを借りずに富くじで一万ターレル稼ぐ、一風変わった才能をもっていたことが、知られている。言葉の純粋な意味で、自力で成功した男である。

彼は貨幣を銀行にもっていき、その利子で生活し、子弟にきちんとした教育を施し、さらにその能力を伸ばした。

その息子は銀行預金を相続し、むろん良き愛国者となり、自分の生活には頓着せず、利子を手に入れ、子弟を教育し、毎年その利子の一部を銀行に残しておくことで、財産を大きくした。

孫もまったくそれを踏襲し、過去四、八、十世紀にわたってまったく種まきをしてこなかった家族が、それにもかかわらず、毎年豊かな収穫を得ているのが、知られている。なぜなのか。曾祖父がかつて大きなくじを当てたからである。

これはたしかにきわめて珍しい事例であり、それについて、国民経済学は以下のような才気に満ちた説明をしている。

曾祖父が大きなくじを当てた時代には、鋤をもっていなかったので指で地面を引っ掻いていた、一人の農民がいたが、その収穫は少ないものであった。

銀行家がこれを見て、その農民の前で計算して見せた。「お前は今は十シェッフェルの小麦しか収穫できないが、鋤を与えられれば、少ない労力で二倍収穫できるだろう。私がお前に貨幣をやるから、お前は鋤を買って、その代わり、毎年二シェッフェルの小麦を私に渡せばよい」

この計算はそのかぎりでは正しいものであるので、国民経済学者は次のように結論づける。「その農民が鋤を手に入れていなかったら、彼は決してそんなに多くの小麦を栽培することはできなかったであろう。それゆえ、銀行家が鋤を提供することによって農民の作業の生産効率を高めたのであり、農民が支払う利子はそのわずかな返礼にすぎない」

では、なぜ借り出された資本に利子が支払われるのかについての国民経済学者の説明が真実かどうか、見ていこう。

農民が畑を耕作するために必要とするものは、貨幣ではなく鋤である。貨幣それ自体は農民にとってわずかな価値すらもたず、農民はそれを目的のための手段、すなわち鋤を手に入れるための手段としてのみ利用する。貨幣は資本の交換手段にすぎず、その性格は、それゆえ貨幣の廃止によっても、本来いかなる変更も被ってはならない。

そういうわけで、われわれは貨幣を完全に局外に置いてみよう。まだ貨幣が存在していない時代――物々交換がまだ普通に行なわれていた時代――に身を置き入れて考えてみよう。

その時代に蓄える者、資本を集積する者には、自らの蓄えに貨幣形態という持続可能な形を与える機会は提供されておらず、商品、生地、機械、鋤、つまりは貨幣のような虚構の資本ではなく、現実の資本以外には、何も残っていなかった。しかし、この現実の資本は、自然の破壊要因の影響を被っており、この損害から身を守るために、資本家は常に大きな苦境に陥らざるを得なかった。

その損害にたいしては、**資本を再生産に振り向ける**、言い換えれば、鋤を他人に貸与する**以外に、防護策はなかったのである。**

資本‐供給はそれにより、常にかなり大きく安定したものにならざるを得ず、需要よりもずっと大きなものにならざるを得なかったが、ここでも供給と需要が物価を決めるので、より小さな需要がより大きな供給に向かい合う際には、疑う余地なく、多大な利益が生まれるにちがいなかった。**このような状況下であるにもかかわらず、資本家は農民に鋤の利子を要求できただろうか。**鋤の供給が需要よりも大きく、この鋤が年々価値を減じていくならば、農民に鋤、資本を、農民が資本をずっと後になってから減らすことなく再び返すという条件で貸与することによって、**この損害を他人に肩代わりさせせることは**、こうしたおのおのの鋤所有者にとっては、かなり喜ばしいことだったにちがいない。

農民は一、二、十年後に同額を返すことを確約しさえすればよい――**誰も利子は要求しない。**というのも、農民が資本家のために資本を錆、火事、盗難、保管料から守ることが、すでに利子以上の価値を有するからである。

もし今日その資本を貨幣に変えることで商品が腐敗等によって日々被る損害を**他人に肩代わりさせる**可能性が商品所有者から奪われるとしたら、もし今日すべての資本家が「どうやって錆、腐敗等から身を守るか」という心配を抱えて日々目覚めるとしたら、資本‐供給はすぐにも巨大なものとなり、利子制度を即刻廃止に到らしめることだろう。

貨幣は資本ではなく、手許にある資本の交換手段である。この手許にある資本は、小麦、脂身、工具等の、要するに傷む、しかも商人が皆知っているように、かなり急速に傷む代物からなっているのだが、**では今日いったい誰がこの損害を償うのだろうか**。誰かがこの損害を償わなければならないが、この誰かは、資本を他人に無利子で貸し出すことによって、この損害をすすんで節減しないだろうか。

資本それ自体はいかなる利子も要求しないことは、分かっている。資本は錆等による損害が節減できるなら、それで十分満ち足りているのに、ではなぜ、いわゆる資本の代理である貨幣は利子を要求するのか。

それは、今日の貨幣は、内に**欺瞞**を蔵しているからである。売りに出されている商品は、私がすでに繰り返し言及してきたように、**あらかじめ貨幣保有者に担保として与えられるか売却――譲渡されている**。なぜなら貨幣保有者の意思なくしては、商品はその場から微動だにしないからである。貨幣保有者は、商品を男爵のように意のままにできる。それは彼らの資産であるが、**その資産の集荷や支払いにかんしては、いかなる義務も彼らには課されないのである**。

保存等の余分な出費は、生産者の負担になる。商品を意のままにできる貨幣は、この負担を免れている。貨幣はこの余分な出費を、商品の真の所有者から他人に肩代わりさせる。

鋤は、農民のもとに届くためには、貨幣という遮断機を通過しなければならない。貨幣保有者は、この通貨を遮断することができる。銀行家が貨幣を押し戻すことを思いつけば、農民は永遠に鋤なしでなんとかやっていかなければならず、**他方では同時に、件の鋤は鍛冶屋のもとで錆びつき、鍛冶屋の負担になる。**今日衆人環視のもとで日々起こっているのとまさに同じことが、生じるだろう。つまり商品、資本が倉庫で腐り、駄目になる一方で、労働者は資本‐供給の不足のせいで、仕事もなくたむろすることになる。なぜなのか。銀行家が遮断機を閉じたからである。銀行家が不信を抱いて、貨幣を流通から引き離したからである。

したがって、農民が鋤を手に入れられるか否かは、今日では銀行家しだいである以上、今日、鋤の供給を最終的に決定するのは銀行家であるが、鋤が錆びつくのは銀行家ではなく**他の者の負担となる**ので、銀行家は個人的には、鋤の錆びつきを回避し、鍛冶屋を損害から守ることに、いっさい関心はない。農民は、銀行家から鋤を手に入れたいならば、この奉仕の見返りとして、銀行に特別な報酬、利子を支払わなければならない。

それゆえ、国民経済学が利子を資本の生産性と結びつけるならば、思い違いをしていることになる。資本の生産性は利子とは何一つ共有しておらず、利子は単に今日の貨幣制度の付随現象にすぎない。それは、以下のことを拠り所とするものである。

（1）貨幣の導入以来、需要がもっぱら貨幣保有者の手に握られていること。

(2)貨幣保有者が、その結果、自らの資産にたいしてと同様に商品にたいして、自由な処分権を有すること。ただし、その際には、

(3)保管にかかる余分な出費、錆、盗難等による損害が、貨幣保有者ではなく、生産者の負担になること。そうした状況が、

(4)商取引で利益を得るために、貨幣保有者によって利用されうること。

(5)そのことによって、貨幣保有者が、商品所有者ないし生産者にたいする大きな特権を享受できること。

(6)銀行家は他の人への貨幣の貸し出しをとおして、**この貨幣を手にした者に、貨幣の特権も委譲すること。**

(7)**そして最終的に、利子が、その特権の数字で表された価値を現前させること。**

貨幣の適切な改革によって、この特権が廃棄されるなら、貨幣が手直しされることで、貨幣が商品より良いものでも悪いものでもなくなるなら、利子制度も廃止され、この制度を拠り所としている構造全体も、崩壊して瓦礫、破片と化すにちがいない。

利子！　生業の諸関係にたいする利子の災いに満ちた作用を、その到達範囲全体にわたって把握できる者が、どこにいるだろうか。

もっぱら国債に利子をつけるためだけに、フランスの生産者は金利生活者に、年に八億七千万フ

ランを捧げねばならない。小さなアルゼンチン共和国では、国債のために、年に八千万マルクにすぎないものの、利子が税金によって苦労して集められなければならない。

ロシア、イタリア、ポルトガル、スペインは、利子制度によって吸い尽くされ、荒廃させられている。南米全体が、利子制度によって衰微している。ドイツ政府が零細な商人に要求するほどの誠実さをもって、ドイツでふるまう気があったならば、政府はもうとっくに破産に向けて債権者を呼び集めていなければならなかっただろう。というのも、金本位制の導入以来、赤字につぐ赤字が続いているからである。

どうやって、ここから脱出したらよいのか。私人なら、こうした場合、無責任に倒産させたかどで訴えられるだろうし、もし検察官が職務に忠実であったならば、もうとっくに財務大臣を被告席につかせていなければならなかっただろう。この増大していく負債に抵抗するための手段を、どこから手に入れればよいのか。一八七一年風の新たな強奪行為によってだろうか。資本はどんどん金利生活者の手の内に集中していく。国民の納税能力は日々減少し、それに応じて、必要な納税額が利子制度によっていっそう増大していく。

冷静な眼差しでヨーロッパの国家財政の発展を見渡す者は誰でも、破局は宿命的な必然性をもって生じざるを得ず、軍備縮小によっても税制改革によっても、事態の自然ななりゆきを妨げることはできない、という確信に到る。悪の根源を見いださないかぎり、この根源は今日の貨幣制度に潜んでいることを洞察しないかぎり、国民と政府が黄金の子牛の周りで踊り続けるかぎり、われわれは一日ごとに破局へと歩を進めることになろう。

今日ヨーロッパでは、仕事の不足、植民地の購買力の減少ばかりが、嘆かれている！　しかし、なぜ入植者の購買力が減少したのか。入植者は年に十億払わねばならないが、その十億は利子のせいでヨーロッパの金利生活者に支払わねばならないのであるから、彼らが自分のために一銭も使えないことは、明らかである。年金生活者によって子供じみた贅沢に浪費されるこの十億は、さもなければ、入植者によってその生産手段の改良に振り向けられただろうし、鉄道の建設、あらゆる種類の機械、工具の調達のために使いようがあっただろう。入植者が利子の重荷から解放されれば、彼らの購買力はたちどころに増すだろうし、あらゆるヨーロッパの産業は即座に十分な仕事が与えられるだろう。そして、入植者がその生産手段を改良することが可能になるにつれて、彼らの作業の生産性は増し、植民地の産物の価格は下がるだろう。**今日入植者から金利生活者に流れ込む利子は、ヨーロッパの産業のために金の卵を生む鶏を殺したのである。**

掛け売り

貨幣が需要を代表し、貨幣を備えている者だけが、需要にたいする権利を有する。どんなに多くの商品を所有していても、貨幣をもっていなければ、マッチ一本すら買えない。

銀行家にその気がなければ、商品はその場から微動だにしない。銀行家が貨幣を流通から引き上げると、商品は腐り、資本は無為に失われ、労働者は資本供給の不足のせいで餓死する。商品の所有者は、自らの持ち物を意のままにできない。彼らは、銀行家の気まぐれに従わされる。

今日使われている貨幣の導入は、生産者の手足を縛った。巨人ガリバーがリリパットの小人たちに千本のとるにたらぬ紐で束縛されたように、今日、生産者、農民、職人は、地面に縛りつけられ、貨幣の保管庫に君臨する一握りの銀行家たちが身代金の金額を協議している。

それでも、時には生産者にも、このような従属関係は耐えがたいものに思われる。荒々しい暴力で、彼らは自らを縛りつけている枷を打ち砕き――金庫をその中身もろとも海に投げ込むだろうか。――いや、忍耐の限度を超え、彼らは自らの商品を掛け売りする。言い換えれば、物々交換に戻るのである。

つまり、今日商品の本当の所有者、すなわち貨幣保有者が、自らの所有物を集荷することも支払うこともしないならば、生産者は商品を商人に掛けで卸すことによって、自らの商品を貨幣を介在させずに貨幣の背後で交換しようとする。商人の側では、商品を消費者に配り、彼らは消費者が提供する交換価値を支払いの一部として受け取る。

手続き全体は極度に複雑で、リスクをともない、時間もとる。しかも、常に円滑に進むとはかぎらない。純粋な物々交換の連鎖は、しばしば再び貨幣が介入することで、中断されるが、掛け売りされた商品がとる進路がいかに錯綜したものであろうと、この手続き全体を辿ることがいかに困難であろうと、この掛け売りの仕組み全体が、生産者が貨幣所有者から課された束縛の暴力的な破壊以外の何物でもなく、以前の物々交換への逆戻り以外の何物でもないことは、観察者の眼差しには紛れもないことである。

しかし、まさに物々交換の困難を回避するために、貨幣は導入されたのであり、今日商品－交換のかなりの部分が掛け売りという手段を使って行なわれているという状況は、硬貨は今日の商取引が貨幣にたいして有している要求を満たすものではない、という新たな証拠をわれわれに提供する。もし貨幣が、それがつくり出された目的に適っているなら、いかなる商品も貨幣の介入なしにその所有者を変更してはならず、貨幣の助けを借りずして商品はその場を動いてはならないことになろう。一言で言えば、掛け売りの仕組みは即座に廃棄されねばならないだろう。

だが、掛け売りの仕組みが商取引と流通にもたらす救いがたい混乱を、くまなく見積もる術を心得ている者などいるだろうか。――監獄――

十九世紀末の商取引

ちなみに、あるギリシアの賢者は、今日の商取引について、アダムが電報について知っていたのと同程度の理解力だったにちがいないものの、貨幣は永続的であらねばならず、ほとんど揺らがず、一つの内的価値を有しているべきである、と何千年も前に述べたが、今日の国民経済学者はそれを口真似しており、その口真似ぶりは国民経済学に基づいて調教されたオウムでも無思慮にはなし得ないほどのものである。

金は、ひとがそれに発見した特性を有しているからこそ、良い貨幣になる。科学者にとって大きな名誉となる、驚くべき発見である。この言い方はまさに、誰かが「有能な郵便局員はがさつで不親切であるにちがいない。なぜか。それは郵便局員が不親切だからである」と言うときと同じように聞こえる。

たしかに、金は商品交換を仲介すべきである、とひとは主張するが、たとえそれがそうすべきだとしても、ひとは商品交換の**速度**、**確実性**、**公平性**にかんして、貨幣にどんな要求を出しうるか、という問いは、アリストテレス以来一度も論究されていない。

金融・経済危機、失業、倒産、投機は、何を意味するのか。

商品交換の中断である。誰が商品交換を媒介するのか。貨幣である。

商人の途方もない数の商品倉庫は、何を意味するのか。商品交換の停滞である。誰が商品交換を媒介するのか。貨幣である。

この何百万もの銀行、証券取引所、執行官、出張販売員は、何を意味するのか。誰がこれらの人々を必要とするのか。商品交換、貨幣である。

今日の貨幣制度の欠陥は明白であるが、それでもなお、貨幣は優れた流通装置をなしている、と主張されている。なぜか。永続的だからである。だが、なぜ貨幣はそれがその交換を媒介するところの商品よりも永続的であるべきなのか。貨幣を流通から引き離すことができるため、商品交換を好き勝手に中断できるため、生産者をそれによって窮境にもたらすことができるため、この窮境から資本を引き出すことができるためである。

多くの商品の小売価格は生産価格より二倍高いことは、よく知られている。一般的に、商品を売る方がそれを生産するよりも多くの労働を必要とし、代金を取り立てる方が商品を売るよりも二倍多くの労働を必要とする。それにもかかわらず、貨幣がその商品交換を容易にする、と主張されるのである！　風変わりな軽減である。

今日の商取引は、無数の人間に仕事を与える。しかし、商売は競争が激しい、と信じている者は、思い違いをしている。

労賃が低く据え置かれている分野で競争が激しいなら、たとえば職人の間では競争が激しい、と言うことができる。なぜなら、そこでは労賃が最低水準だからである。商売の競争が職人の間の競争と同じくらい激しいとするなら、商人の平均収入は職人より高くはならないだろう。しかし、今日この方面では、ひどい差別が横行している。だが、なぜ商人の間の競争は、他の職業ほど激しくないのだろうか。

それは、今日の商売は習得するのが困難だからであり、どんな芸術も学問も、商売ほどの困難を課すことはないからである。国民は商売に使える人間を十分輩出するに到っておらず、そのため、商売の競争は商人の収入を押し下げるほど十分激しいものになっていないからである。

今日の商人は、貨幣にたいして大きな愛情を抱き、堅実で、細心で、努力を怠らず、倹約に努めねばならないのみならず、鋭い眼力と駆け引きの才能をもち、他のいかなる職業にも見いだせないほど、大量の物理学的、化学的知識、数カ国語を話せる能力を授けられていなければならない。だが、なぜ商売がそれほど困難なのかと問うなら、今日の貨幣制度が商品交換にもたらす困難に、その答えが見いだせる。

すでに最初に述べたように、商品所有者の窮境から資本を引き出すために、貨幣を引き戻すことによって商品交換を中断することは、今日貨幣保有者の直接的な利益になる。商人が成功裏に対処するために見通していなければならない、あらゆる種類の困難の無限の連鎖は、こうした状況に起因している。それができなければ、彼は破産する。競争は、それに比べれば、商売においてほとんど問題とはならない。

すでにほかならぬ掛け売りの仕組みがどんな困難をもたらしたか、絶え間ない物価変動がどれほどひどい混乱を引き連れてきたか。そしてそれが、なによりもまず、いかなる金融危機をもたらしたことか！

貨幣制度の適切な改革をとおしてこの困難をなくせば、商売はあらゆる職業のなかで最も容易なものになるだろう。どんな老女でも商売を営むことができるようになり、商人の収入は競争が激しくなるにともなって下がっていくだろう。

何人かの人間が天候を意のままにすることができ、農民に年貢を収めることを強制するために、農民の耕作を困難にすることが、その人間の利益に適っている場合を、考えてみよう。その天候を意のままにできる者の策略を首尾よく防ぐことができるためには、農民は、ジャガイモ文化にとっては大きな困難を伴うだろうが、あらゆる物理学と化学の法則、外国語、法学を学ぶことに新たに専念しなければならず、このような学習ができる精神的能力を有さない農民は皆、天候を意のままにできる者の不意打ちを食らうことになるだろう。その結果は、どうなるだろうか。ジャガイモ農家の競争は緩和され、ジャガイモの価格は上昇するだろうが、農民がよりよい価格で売れるようになればなるほど、天候を意のままにできる者たちが彼らにもたらす困難は大きなものになるだろう。商売にかんしては、まさにこのような状況になっている。

全世界との対立

世界で普遍的な権威となっている理論に向かって立ち上がるが、明白な証拠によって自らの主張を裏付けることのできない人間は、悲しいものである。その場合、その人間は、気が狂っていると言われる。

私がこれまで述べてきたことはすべて、アリストテレスから今日にいたるまで、貨幣制度にかんして権威と認められてきたあらゆる理論と、この上ないほど直接対立するものであり、したがって、運良く私の主張にたいする証拠が何千となく大通りに転がっていないかぎり、また商人が皆、日々の業務のなかでその証拠を見いださないかぎり、状況は私にとって不利である。

珍妙なものであるので、私はここでこうした証拠のうちたった一つだけ特筆しておきたい。

ここアルゼンチンでは、毎日、次の言葉が繰り返し耳に入ってくる。

「大統領選挙の後で信用が回復すればすぐに、プレミアムつきの金は価値が下落し、言い換えれば、アルゼンチンの紙幣が購買力、価値を増すだろう」。しかし、いま再び目覚める信用の最初の効果はただ、銀行が信用貸しに寛大になり、貨幣を金庫から引き出し、貨幣をより迅速に流通させ、需要が増大することである。

だが、需要の増大は、結果として即座に物価を上昇させ、高い物価は外国の商品をおびき寄せ、**輸入品は金で代金を支払わなければならなくなる**。再び目覚めた信用は、結果的に貨幣循環を速め、速度を増した貨幣循環は需要を増大させ、増大した需要は物価を押し上げ、高い物価は輸入を容易にし、輸出を難しくし、輸入された商品は金購入の誘因となり、金購入は金のプレミアムを高め、**要するに、信用は直接、貨幣の価値下落、金のプレミアムの上昇に効果を現わす。**したがって、ひとがここで一般的に信用に期待することとは正反対のことが起こる。

こうした実態が、これまでどれほど多くのアルゼンチンの金融の大立者の計画を駄目にしてきたことか。この実態によって、これまでどれほど多くの投機家が財産を失ってきたことか。回復した信用にもかかわらず、プレミアムつきの金を高値で買う際に、どれほど多くの者がこれまで信用できずに首を横に振ってきたことか。

では、金本位制をとる国々では、信用はどのような効果をもつのだろうか。商品価格は上がり、生産手段は、株式に支えられて、相場、賃貸料、給与、労賃を上げ、言い換えれば、貨幣は価値、購買力を失う。それならなぜ、アルゼンチンでは、事態が逆になるはずがあろうか。信用がここで反対の効果をもつべき理由は絶対に何もなく、主産物である羊毛、毛皮が信用にはいっさい関わりがなく、大統領の名前がAであるかBであるかに左右されずに、羊は食べ、飲み、反芻し、羊毛を生産する以上は、なおさらそうである。

貨幣概念の定義づけの続き

だから、いまや私は、マンモン、雄鳥からもう十分羽を毟り終えた、と信じる。たしかに、まだ尾のところにわずかばかりの羽の残端が残っており、小さな綿羽がそれを覆っているけれども、このわずかな羽を毟るのに時間がかかるならば、それについては焦げるに任せよう。

金が商品ではなく、なんらの内的価値も有さず、等価物でも価値尺度でもないなら、また、金を紙とうまく置き換えることができ、その結果、七十五プフェニッヒの紙が百プフェニッヒの金と同じ購買力をもつなら、**実際のところ、貨幣とは何なのだろうか。**

私は貨幣を単に、紙幣本位制をとる国々の**国家機関**とどこであれ硬貨が流通しているところの**人間**が、市場に商品を供給する者に与える、受取証書と見なしている。それは、あらかじめ引き渡された商品の対価を国の商品在庫から引き出す権利を、所有者に与える、受取証書である。

国家は一定数のこのような受取証書を流通させ、この受取証書が呈示された場合にのみ商品が入手可能となり、供給と需要の法則がこの受取証書の価値を決めることが、慣例となる。国家が大量の受取証書を発行し、多くの硬貨が鋳造されるに任せるなら、需要は増大し、物価は上昇し、受取証書の購買力は下落する。国家がほとんど受取証書を発行しなければ、需要は落ち込み、物価は下落し、受取証書、硬貨の購買力は上昇する。

ある商品の価値は完全に個人的な概念なので、国家は受取証書においていかなる価値もあらかじめ提示しない。受取証書は一マルク、十ルーブル、百シリングと名乗っているが、その受取証書を同様に黄金虫、原子、雨滴と呼んでもよく、それでもその価値はなんら変わらないだろう。

単に商取引においては大きな受取証書と小さな受取証書が必要であるという理由だけで、受取証書には一、五十、千という数字がついている。そうでなければ、その数字も不必要である。もしそうなら、商品は十、五十、千受取証書の値段である必要があるだろう。

一ドイツライヒスマルクは、どれほどの値段か。抜け目のない料理人なら、一マルクで一羽の若い鵞鳥を買う。しかし、未熟な娘なら、同じ貨幣で年老いて堅くなった動物を手に入れる。一マルクの価値はどう見ても定まっておらず、貨幣の購買力はその保有者の巧みさにもかかっていることが、分かる。

しかしながら、全体として見れば、マルクの価値、貨幣の購買力は、完全に定まった経済法則によって決定される。

貨幣の価値は、それが安定して循環しているなら、貨幣の循環が商品生産と同一歩調をとるなら、変わらないままである。それは、貨幣循環が妨げられるなら、貨幣が流通から引き離されるなら、大きくなる。それは、貨幣循環が加速されるなら、本来は一週間に分散されるはずの需要が一日に集中するなら、小さくなる。

要するに、貨幣の価値がともかく需要と供給によってほぼ定まっており、貨幣量が同じで商品生産もそうなら、貨幣の価値は、あとは引き続き、その循環にのみかかっている。

貨幣の循環は、貨幣の価値決定の主要因である。今日の商取引を不安に陥れる、絶え間ない物価変動、貨幣の購買力の持続的な変化は、貨幣の循環の不安定性の結果にすぎない。単なる貨幣循環の加速化、ロンドンの手形取引所等のような設備の全般的な導入によって、それが望ましいと見なされる場合に、あらゆる商品の価格をほぼ十、二十、五十パーセント、もしくはそれ以上引き上げることができ、金の価値、購買力をほぼ五十パーセント、いやそれどころか九十パーセントも引き下げることができるなら、同様の手段によって貨幣の循環を促した場合に、やはり需要が増大し、物価が上昇せざるを得ないことには、いかなる疑いもさしはさむ余地がない。いわば金の価値が完全に宙を漂っていることが貨幣の循環であるとしても、金の価値がそれほど不確定な要因に依存しうるというのは、多くの者にとって理解できないことであるが、実際にそうであると納得するためには、彼らが一八七〇年から今日にいたるまでドイツで生じた大きな物価変動を考察しさえすればよい。

しかし、貨幣の循環それ自体は、ひとがそう信じたがるのとは違い、まったく不確定な要因などではなく、完全に確定された自然法則に従っており、個人的な損害なしには投機目的で貨幣を流通から引き離すことができないとすれば、貨幣の流通は常に安定したものとなり、商品生産と完全に歩調を合わせることとだろう。

貨幣が、商品生産よりも迅速に動き、長期のスパンで循環し得ない場合には、需要は増大し、物価は上がる。しかし、物価上昇は、その作用において貨幣循環の減速化に匹敵する、減少させられた需要を再び生み出す、貨幣ストックの減少に効果を発揮する。だが、貨幣が商品生産よりも緩慢に動き、流通することができない場合には、物価は下がり、物価下落は貨幣の増加に効果を発揮する。貨幣ストックの増加は、こちら側では加速化された貨幣循環に匹敵する、増大させられた需要の原因となる。

すなわち、高い物価水準においては低い物価水準におけるよりも、個々の商品にかんしては、商品が自由に処理できないままになること、より高い物価水準がそれによって結果として物価に圧力を加える減少させられた需要を伴わざるを得ないこと、を見失わないならば、速められた貨幣循環の結果として増大させられた需要は、速められた貨幣循環の影響力を相殺することが、分かる。それゆえ、貨幣の循環は、投機は別として、全体として見るならば、商品生産と平行して進行せざるを得ず、場合によっては起こりうるずれも、物価変動によって修正されることが、分かる。むろんそれは、この物価変動の結果を考慮するならば、悲しむべき修正ではあるが。

貨幣が生産に適応し、増大しつつある生産、増大しつつある供給に際して、貨幣量が増やされ、貨幣循環が加速化される代わりに、今日では、物価下落と生産制限を回避するためには、労働者の解雇等によって生産が金保有高に適応する以外に手はない。

この世に、今日の貨幣制度が招く、このような結末ほど馬鹿げたことがあるだろうか。労働者は、増産によって増えた商品を物価下落なしに交換するためには、手持ちの貨幣が十分ではないという理由で、それを祝わねばならないのだろうか。つまるところ、今日の貨幣制度が徹底した熟慮の産物であると、また、何千年も前に、ある大きな国際会議で、熱をおびた議論のすえ、賛成、反対をめぐる立ち入った議論のすえ、金を交換の仲介者、人間の最も重要な媒介物であると布告することが、厳粛に決議されたから、今日の硬貨が導入されたと、信じてはならないのである。

この話はもう打ち切りにする！ 人類がまだ進化史において改良された猿の地位を占めていなかった時代に、彼らは色とりどりの羽などで美しく身を飾ることに喜びを見いだし、容姿をよくするために、そのような装身具として金も喜んで利用された。いまや金はそれ自体としてはめったに存在せず、その猿のおしゃれ意欲は大変なものだったので、金には常に買い手がおり、こうした状況のせいで、軽快な輸送能力と相まって、金はしだいしだいに交換手段として導入されるようになった。**商取引の要求**は、その際、決して問題とはならなかった。金は実際に商品交換も容易にするのか、という問いは**決して**投げかけられなかった。その猿はそんなことは考えもしなかったし、より改良された特質をもった猿もそんなことは考えていない。

しかし、ノアの洪水以前の人間が、近代の複雑な商取引の要求を顧慮した貨幣制度をまったく偶然に発見したとすれば、これほど妙な話もあるまい。

というのも、ネアンデルタールの頭蓋の誇らしげな所持者は、今日の商取引の要求にかんして、いったいどのような理解をもっていたというのか。五千年後の今日、われわれの博物館でミイラとなっていたずらに蘇生を待ちわびているエジプト人が、供給と需要にかんしていったい何を理解していたというのか。

してみると、野蛮人によってまったく偶然に発見された貨幣制度と、われわれはこの啓蒙された世紀の末に、格闘していることになるのではなかろうか。あらゆる国家装置のなかでも群を抜いて重要なものの制御を、われわれは、われわれの理性ではなく、猿のおしゃれ意欲、偶然に委ねているのである！ そこのどこに、理性は残っているのか。

あらゆる記録の中でも最古のもの、前九十世紀の受取証書

マンモンは羽を毟られ、炒められ、焼かれた。どれ、どんな味がするかみてみよう。

ぺっ！ 汝忌まわしき、年老いた獣よ。固くて、木でも噛んでいるようだ。汝は少なくとも、エジプトのミイラより年老いている！

ああ、汝このうえなく威厳のある年老いた流通装置、汝けがらわしきマンモンよ、汝は人間が敬虔で礼儀正しく、投機のことなど何も知らなかった時代以来のものである。人間が純真さを失っていないかぎり、汝は汝の目的をうまくかなえることもできたかもしれないが、今は私には、証券取引所の人間の庇護のもとに置かれた赤子のように見える。

供給と需要が、物価、貨幣の価値、購買力を決定する。そこまではまったく単純なことで、子供でも分かることである。しかし、実際には難点、高利貸しの食卓で見せびらかすために、すでに無数の魚が水から引き上げられてしまっている、という隠された難点がある。

商品の価格にかんする交渉に際しては、売りに出される商品の量がどれほどか、需要はどれほどか、だけではなく、どれほどの**切迫感**をもって買い手と売り手が交渉するかに、**とりわけ**すべてがかかっている。

売り手は、貨幣の保有者が格別急いで商品を手に入れなければならないのを見て取るならば、安んじて価格を少し引き上げることができる。それにたいして、買い手の方は、商品所有者が商品から早く解放されたがっているのを見て取るならば、値引き交渉し、買うのを明日に延ばす素振りを見せれば、商品が安く手に入るという確信がもてる。

なんといっても、商品の所有者が商品が腐ること、盗まれること、火事で焼き尽くされたり、売れなければ再び**費用をかけて**商品を家に持ち帰り、保管しなければならなくなることを、常に恐れているのは、事実である。

それゆえ、商品所有者は常に、あらゆる商品は例外なく傷むという自然法則の重圧のもとにあり、この重圧が大きければ大きいほど、その商品は速く傷む。

あらゆる商品のなかで最も大事なもの、最も純粋で混じり気のない商品の形態、労働者の体内でまだ純潔な形態を保っている商品は、まさに多くの果物のように、すぐに保存用に漬け込んでしまわなければ、腐ってしまうものである。

それゆえ、商品所有者は常に、格別急いで自分の商品を人手に渡してしまいたいと思っている。したがって、供給は常に、商品は土であり再び土に還る、という自然法則の重圧下にある。

貨幣保有者、需要にとっては、事情はまったく異なる。

貨幣の製造にかんしては、まさにあらゆる素材のなかでも最も耐久性にすぐれたものが求められた。金は腐ったり錆びたりしない。それは、泥棒からたやすく身を守ることができ、鼠や蛾がそれを害することはいっさいできず、酸にもよく耐え、運賃もかからず、家が焼失して商品がすべて失われても、金は灰のなかから燃えずに見つかり、汚れるようなことがあっても再びきれいにしさえすればよく、保有者は市場で好みにぴったりの商品が見つからなければ、変わらぬ喜ばしい気分のまま家に引き返し、次の日、月、年まで待機する。

それゆえ、貨幣保有者、需要には、この地上ではすべてが土に還る、という自然法則の重圧がかかっていない。したがって、需要は供給にたいして、常に計りがたいほどの利点を有しており、価格決定に際しては、他の同様の状況下でも、価格は安定して貨幣保有者もしくは需要の側に傾かざるを得ない。

社会もしくは国家は、商品の売り手に、商品在庫全体から等価物を買い取る権利を付与する、受取証書を与える。それは、受取証書、貨幣によってのみ商品交換が生じうることによって、売り手にこの等価物を保証し、需要は完全に貨幣保有者の手に委ねる。貨幣の保有者はそれによって商品を意のままにしているが、貨幣保有者が好きなときに自らの商品の取り分を受け取ることのできる完全な自由裁量を認めず、貨幣保有者が商品の保管が生ぜしめるコストを免れることを許さなかったならば、これは完全に解決されていたことだろう。

需要を完全に貨幣保有者の手に委ね、またそれによって商品所有者を完全に貨幣保有者の気分に委ねるとして、このやり方でも需要と供給による価格決定が完全な有効性をもつかどうかを正確に研究していたなら、万事解決されていたことだろう。

供給は先送りできず、商品は所有者にとって余計な出費の原因とならずに市場から引き離されることはできないのだから、需要と供給による価格決定が故意に歪まされないことを望むなら、需要も先送りされないこと、貨幣もその保有者に損害をもたらさずには市場から引き離され得ないこと、が必要である。

しかし、これは今日の貨幣制度には当てはまらない。というのも、供給が一日足りとも損害を被らずに先送りされることはできない一方で、需要は次の日、次の月、次の年まで、需要の肩書の保有者にとって、何らの損害もなく、好きなように先送りされることができ、かえって貨幣を押し戻し、需要を先送りすることによって、供給を増大させ、売り物の商品の量を決して停滞しない新製品によって増大させ、価格は下落し、貨幣の価値は需要が先送りされるにつれて増大するからである。

社会と国家は、錆びる商品の交換のために、錆びない物を導入し、それにより需要と供給による価格決定の働きを故意に歪め、需要、貨幣に供給が有していない利点を許容してきた。

そのことにより、社会は硬貨の導入に際して、**誤り**を犯した。

今日の貨幣制度、国家のあらゆる流通装置のなかでも群を抜いて重要なもの、その存在が、そのおしゃれ癖のおかげを被っているところの、ノアの洪水以前の猿は、彼らが受取証書、引渡証を正しく発行できる能力をまだもっていなかったという証拠を、その発明をとおして提供した。**というのも、彼らは、自らのジャガイモを売るが、その際に買い手に好きなときにジャガイモを引き取り、支払ができる、完全な自由裁量を許す農民が今日犯すのと同じ誤りを犯したからである。**買い手がジャガイモを引き取らないかぎり、農民はそれを保管しなければならず、農民が貨幣を手に入れないかぎり、農民はジャガイモを交換価値として利用できない。したがって、農民は自分で自分の手を縛っているのである。

今日商取引に委ねられる商品は、あらかじめ売られ、質に入れられ、譲渡されている。というのも、貨幣の保有者は唯一購買の権利を付与された者であり、そうした者として商品の運命を意のままにできるからである。商品所有者は、貨幣保有者が訪れ、その財産を引き渡し、支払うまで、辛抱強く待ち続けなければならない。この瞬間になってはじめて、商品は交換対象としてその所有者の役に立つ。

金銭上の事柄においては、いかなる些細な誤りもない。樅の木の梢の球果が栗鼠にもぎとられ、落ちる際に大枝から雪を払い落とし、その雪が今度は大枝から大枝へ大きな玉になるまで落ちていき、巨大な、すべてを呑み込む雪崩となりうるように、目立たない経済上の誤りが、何千年も経過するうちには、全世界を覆い尽くし、窒息させることがありうる。マルクスは、この貨幣制度の誤りを発見したのだろうか。彼は、それがどんな結末を招きうるか、知っていたのだろうか。

マルクスは発見しなかった。そう、彼は貨幣を鰊、石鹸、石油のような通常の商品と見做していたし、彼が貨幣に発見した唯一の誤りは、貨幣が人間の間で平等に分配されていない、ということだった。

しかしながら、もぎとられた樅の球果の落下をたどっていく前に、硬貨の導入がなくとも商取引がいかにうまく発展できるかを、見てみよう。そうすれば、われわれは猿のすばらしい発明、卓越した、何物にも代えがたい、国民経済学者の流通装置、錆びる商品の交換の媒介者としての錆びない物の導入が、結果としてもたらし、もたらさざるを得なかった、はなはだしい害をよく評価できるようになるだろう。

生まれつき盲目の者は、白と黒、明と暗を区別できないし、生まれつきの病人は、健康な者がどんな気分かを理解することは決してできない。

人間一般も、それと同じ状態にある。何千年にもわたって、金、硬貨に服従させられ、虐げられてきたので、アダムの後裔はそもそももっと良い状況があり得るのだという意識をなくしてしまっており、そのことにより、なぜたいていの者は今日の社会的状況をまったく正常なものと見做しているのか、なぜ社会的不均衡を認識する数少ない者も、その原因が人間の本性か、さもなければ収益の本性にあることを見て取るのか、の説明がつく。前者はそもそも、状況の改善のために何も提起する必要はない。というのも、彼らの見方にしたがえば、そのためには人間を別の存在に蒸留し直すことが必要となるからである。しかし後者は、不可能なこと、共産主義的な生産方法のなかにのみ、改善の唯一の可能性を認める。

みんな一緒に病人として生まれ、みんな一緒に金銭欲の虜となって才能を失い、自らの惨めさを認識することになる。

人間が金にたいしていかに囚われた考えをもっているかを見るのは、実際、このうえなく滑稽なことである。彼らは、金の道連れとなって天と地も消滅するにちがいない、と信じている。彼らは、金という基盤がなければ、人生は生きるに値しなくなる、と信じている。彼らは、自らの幸福を金によって測る。幸福な人間は、間違いなく、多くの金を所有しているにちがいない。彼らの眼差しは金に向けられ、微動だにしない。彼らの唯一の目的は、金である。

だが、金とは何なのか。キメラである。生命のない鉱物であり、有益なことにはいっさい役立たず、その価値は、ひとがみすぼらしいぼろから造られた紙を、その地位、つまり耳飾りや鼻飾りの地位ではなく、交換の媒介者としてのその機能の地位につける日には、跡形もなくなってしまう。

私は、ベラミーの空想の産物にはあまり重きを置かない。私は、いかにしてこのような国家制度に到るかを知らないかぎり、このような幻想は役に立たない、と思う。

私がここで読者に伝えようと思っていることは、そのような幻想ではなく、もしひとが錆びる商品の錆びない交換の媒介者に代えて、それがその交換を仲介すべき商品よりも良くも悪くもない物を導入するなら、発展するだろうし、論理的、不可避的に発展せざるを得ないような、流通の単純な描写である。他のあらゆる商品が錆びるのと同様に錆びる物である。

ダヴィディス女史の料理本にしたがって、われわれは片手で一塊の土をつかみ、もう一方の手で移民の船をつかんでいる。われわれはその土塊を船が停泊している太平洋のどこかの島になるように投げ、その船をこの生まれたての島の岸壁に投げつけ、粉々にする。そのうえで、われわれは乗客を不快な立場から救い出し、乾かすために浜辺に彼らを寝かせる。

移民は、彼らが海の囚人であることを認識しており、この認識から唯一の正しい結論、すなわち、生計を維持するためには働かなければならないという結論を引き出す。

彼らは生産し、その生産物を交換しようと努める。この交換のためには、彼らは貨幣を必要とするが、その貨幣がないではないか。窮すれば通ず。

聞け！ヨーゼフ・ハイエンは呼ばわった。アリストテレスから今日まで、良い貨幣は、迅速で確実で公正な仕方で商品交換を仲介できるように、長持ちし、それ自体において価値を有しているべきである、と主張されてきた。しかしわれわれは、懐かしの故郷で、商品交換にかんして言えば、まさに長持ちする貨幣のこの帰結とまったく矛盾する経験をしてきた。**それゆえ、長持ちもせず、最小の価値すら有していない貨幣で、試してみよう**。私は、この立派なオークの木の実を貨幣とする宣言をすることを、提案する。島全体に、この種に属する第二の木は存在しない。だから、われわれは貨幣偽造を防ぐために、われわれの銀行家の周りに塀を巡らし、監視人を置く必要がある。次の収穫に際して、われわれは千キロのオークの実を摘みとり、貨幣としてわれわれの間に分配し、その後、オークの実との交換をとおしてのみ商品の売買ができると取り決めるなら、オークの実はすぐにも交換の仲介者として定着し、それは、われわれがオークの実で税を徴収することによってこの貨幣に強制相場を授けることができるだけに、なおさら容易となる。

われわれは、グラムを価値単位に定め、一グラムの価値は需要と供給によってすぐさまはっきり示されることになる。たしかに商取引ごとに貨幣の重さを量らなければならないだろうが、売り手がその貨幣の重さを量り、包装しなければならないなら、なぜ買い手、貨幣保有者はその際にポケットに手に突っ込んで立っていなければならないのか、私には分からない。

なんにせよ試みても出費は伴わないのだから、この提案は受け入れられ、収穫期には千キロのオークの実が**貨幣**として移民の間で均等に分配された。

誰も一グラムのオークの実がどれほどの価値があるのか分からなかったが、各人が自分の生産物の等価物の購入のためにはそのオークの実で十分であるにちがいないとなんとなく思ったので、各人はあらかじめオークの実の分配を受けた。

私はここに十エレの亜麻布、私の八日間の労働の産物をもっており、この十エレの亜麻布と交換に、私はこれまでは十ポンドのパンと五ポンドのバターとニダースの卵を手に入れてきた。

私は今となっては貨幣でこれらすべてのものを買わねばならないので、私は私の亜麻布と交換に、パンなどを買うのに必要なだけのオークの実を手に入れなければならない。十エレの亜麻布が私が分配の際に手に入れた百グラムのオークの実とまさに同じ価値を有すると仮定するなら、十ポンドのパンはおよそ三十グラム、五ポンドのバターは六十グラム、卵は二十グラムの価値になるだろう。ひとが私に代償としてもっとたくさん要求するなら、私は亜麻布の値段を上げることになろう。

頭のなかでこのように算段して、ハイエンが市場に赴くと、同じような計算をして、他の島民も到着する。

各人はあらかじめ買うための商品、売るための商品の値段を自分の資金にしたがって計算しており、商品はすでにオークの実グラムの値段で市場にもちこまれる。もっとも、まだ供給と需要の間にはしかるべき差がある。

たとえばパン焼職人は三十グラムではなく四十グラムを要求する。だからハイエンは八ポンドしか買わない。バターを売る女性はそれにたいして六十ではなく四十しか要求しない。だからハイエンは二ポンド余計に買う。知人がハイエンに、パン焼職人はパンを高く売りすぎたから、誰もそこではパンを買わず、そのためにパン焼職人はその日のうちに価格を引き下げざるを得なくなり、バターを売る女性は売れ行きが良いことですぐに安く売りすぎたことに気づくので、価格を上げる、と告げる。ハイエンは彼の亜麻布を、パン焼職人が彼と交渉する最後の一枚になるまで、多かれ少なかれ適正な価格で売る。

彼らが私にパンをもっと安く提供するなら、私も彼らに望みどおりの価格で亜麻布を提供するが、そうでないなら、彼らは彼らのパンを、私は私の亜麻布を、手許に置き続けることになる。

自分のパンを駄目にするか安く提供するかの二者択一を迫られて、パン焼職人は後者を受け入れ、ハイエンは望んだ商品のすべてと元々の百グラム貨幣をもって、家路につく。

要するに、第一日目にしてただちに、商品はそのおおよその価格が定まり、島民は多かれ少なかれ、一グラムのオークの実貨幣がどれほどの価値か、を知った。たしかにまだ、多少の差はあったが、それも早急に消え去った。なぜなら、供給と需要が価格に最短時間で確固とした基盤を与えたからである。

この新貨幣には、島民が欠陥と見做した特性があった。それはかなり急速に縮み、乾燥するので、その結果、元々の百グラムは次の市が立つ日には九十九グラムの重さしかなくなり、そのことによって各人が一グラムの損失を被ったのである。

このような事態は、各人が、他人に損失を肩代わりさせるために、常に自分がもっているすべての貨幣を購入のために市場にもってくる、という結果を招くに到った。

それにより、需要は常に完全に一定になり、物価はわずかしか変動せず、せいぜいのところヨーゼフ・ハイエンをとても驚かせることになった、わずかながらも恒常的な物価下落が認められただけだったが、その原因も彼はすぐさま、貨幣の重量もしくは価値の減少の結果として物価がそれに応じて下落せざるを得ない、という事情のなかに見いだした。彼は、貨幣の質量は重量の喪失により年に約十パーセント減少せざるを得ず、それとともに商品の価格も約十パーセント下落せざるを得ない、と見積もった。

これは、新たな貨幣を補充することによって防止できる欠陥だった。貨幣の質量が減少するに応じて、新たな貨幣を流通させなければならない、とハイエンは考えた。千キロの十パーセントは百キロであり、それはまさに、われわれが自治体の支出を賄うのに必要とし、われわれが税として徴収しようと思っていた金額である。

それなら、われわれは税をいっさい徴収する必要はないし、われわれは役人にわれわれが木から摘みとる新たな貨幣で支払い、そのことにより、物価が下落するのを防止すればよい、とハイエンは言った。

そのようにしたことで、物価はそれからは常に完全に安定することになった。というのも、絶え間ない貨幣の重量減少によって恒常的に下落し、漸進的な物価下落を引き連れてきた需要は、新たな貨幣発行によって、それに応じた割合で増大させられ、その結果、需要と供給は常にバランスのとれたものになった。

誰も自らの商品を日々価値を減じていく貨幣と交換で売ろうとは思わないだろうし、誰もがこのような貨幣の受け取りを拒否するだろう、と思われるが、実際のところ、商品も同様に日々価値を減じていくのである。商品所有者が時の作用によって被ることを恐れねばならない損失が、商品所有者をして、他の商品を買うために何度でも貨幣を使う気にさせた。

それゆえ、誰にとっても、商品を所有していようが貨幣を所有していようが、どうでもよいこととなった。というのも、どちらにせよ損失が生じる点では変わりはなく、**この損失にたいしてはいかなる防護策もなかった**からである。

しかし、貨幣が直接個人的な使用に振り向けられることはあり得ず、二つの等価値の商品の間では、ひとは常に自分が消費する物を優先するから、誰でもまずは貨幣よりも商品を優先し、さらに個人的な必要から使う物を商品のなかから選んだ。

その結果、誰もが日々の生産物を常に売りに出し、販売代金として得られた貨幣で別の生産物を買うことになり、それがあらゆる生産者に当てはまったので、どの商品も販売、購入できる状態になった。

供給は、一年を通じて安定していた。なぜなら、島民は一年じゅう働き、錆や腐敗の恐怖から、生産物を市場にもっていく準備ができしだいすぐに市場に運び、いつも同量の商品が市場に出されたからである。

だが、**需要**も一年を通じて安定していた。なぜなら、貨幣の減損が主婦を一年じゅう常に市場へと駆り立てたからである。

需要と供給が等しいなら、結果として物価は変わらず、それはここでも当てはまった。

たしかに収穫の結果次第で収穫物の価格は変動するが、農民が自らの商品と交換で受けとる貨幣の総量は、需要が常に一定なので、多かれ少なかれ常に一定であった。収穫がよければ物価は下落し、その逆もまた言えるが、この価格変動は他の商品にはいっさい影響を及ぼさなかった。

生産手段の改良による生産物の増加とそれによって増大した供給の結果として、物価が下落することも、時には起こらないわけではなかったが、そういう際に、また即座に物価を平常の水準に戻すためには、新たな貨幣の通常の発行がさらに増強されさえすればよかった。

他方では、貨幣がなんらかの理由で通常よりも迅速に循環し、需要が増大して、物価が上昇する、という事態も生じたが、このようなやっかいな事態も、新たな貨幣の発行を制限することによって、同じくらい容易に是正された。

ハイエンは、流通のなかで磨耗していく貨幣の補償として、単純で、信頼でき、倹約にもつながるような、貨幣調整機をもっていた。

貨幣は商品よりも良いものではなかったので、誰もが自らの蓄えを商品に投資した。誰もが貯蔵室を設置し、自分で製造した商品ではなく、個人的に使用できる商品で、それを満たした。

その結果として、どんな商品でも売れた。というのも、常に自分の貯蔵庫のための商品を探している者がいたからである。誰かが現金をもってきたら、商品を売りに出しさえすればよかった。常に買い手はいた。なぜなら商品は貨幣と同じくらい良いものだったからである。

当然の結果として、全土に商店も商人も見いだすことはできなくなった。というのも、商品には商店にとどまっている時間はまったくなくなったからである。**商品は、生産場所から消費場所へとどまることなく転がっていった。**それゆえ、商品の価格に商取引の諸経費が上乗せされることもなくなり、**誰もが確実に自らの商品の等価物を手に入れることができた。**

商取引と値引き交渉で多くの時間が失われることもなくなった。というのも、商品にはほぼ固定した価格があり、両当事者、つまり貨幣保有者も商品所有者も、商取引が不調に終わった場合には、貨幣もしくは商品の同様の減損を恐れざるを得なかったからである。商取引は円滑にあまり面倒なこともなく進行し、両当事者のどちらも、相手を恩恵を与える者や慈善家と見做すこともなかった。顧客という言葉は存在しなくなり、売り手が貨幣やその保有者にたいして敬意を示すこともなくなった。というのも、売り手は自らが**対等な商品所有者**であることを知っていたからである。

貨幣は商品よりも良いものではなかったので、誰もがあらかじめ自らの生産物の売上金で何を買うか熟慮し、商店がまったくないなかで確実に自らの貨幣と交換に商品を手に入れるために、**誰もがあらかじめ欲しい物を注文しておいた**。

そのことによって、誰もが注文に応じて働くことができ、あらゆる商品にはあらかじめ買い手がついており、家の最も良く、風通しも良く、衛生的な部屋にショーウインドウを備え、商品で飾りたてる必要もなく、職人の家族は大通りに面した部屋に住み、奥の小部屋は客を迎えるために使われた。職人は、この奥の小部屋を五十のランプで明るく照らすことも無駄であり、そこには一つの魚油ランプで十分であると考え、良いランプは自分と自分の家族のために使った。

職人は注文に応じて働いたので、自分の労働に買い手がいることも知っていた。注文が減少し、それにたいしてどんな値引きも効果がなくなってくると、彼は前もってその品物の必要性が減少することを察知し、価格の上昇傾向が増大する需要を予想させる別の品物に生産を切り換えた。

しかし、そのようなことはめったに起こらなかった。なぜなら、商品交換全体は常に安定的に推移し、注文の削減は常に相当前に通知されたからである。

誰もが自分の蓄えを商品に投資し、販売の後にはすぐ購入が続き、需要が貨幣保有者のために損害もともなわずに何週間も、何カ月も、何年も先送りされることはあり得なかったので、**仕事不足が生じることは決してなかった。**労働は商品であり、商品は貨幣と同じくらい良いものだった。そして、貨幣は常に購買に使用されたので、商品すなわち労働には常に買い手がいた。

商品は現金と同じくらい良いものであったし、どの商品も売りに出されていたので、**労働のための時間はすべて現金を手中にしていた。**なぜなら労働は商品であり、商品は現金であったからである。時は金なり Time is money はここではまったく空疎な言い回しではなかった。

それゆえ、誰も現金不足に陥ることはあり得ず、おまけに貨幣をとどめておくことは誰の利益にもならず、直接的な損害なしに誰も貨幣をとどめておくことはできなかったので、**あらゆるものにたいして現金で支払いがなされた。**

簿記もなく、支払い不能もなかった。なぜなら、掛け売りというものは知られていなかったからである。念入りな簿記がなくとも、誰もが常に、懐具合がどうかを正確に知っていた。

商品と貨幣は日々価値を減じていき、それをどうひねってみても、この損失に対する防護策はなかった。

唯一の防護策は再生に資本を投じることだったが、それを適えるためには、労働者を意のままにできなければならなかっただろう。なぜなら、誰もが自らの生産手段だけで、常に仕事には事欠かなかったからである。

その結果は、資本の過剰供給だった。というのも、他人に資本を貸し出すことよって、ひとは損失から身を守ったからである。

ひとは商品を現金で販売するよりも、むしろずっと後になって新鮮な状態で再び返すという条件で、商品を貸し出す方を選んだ。というのも、現金と同様、それと交換で手に入れた商品も、日々その価値、重量、分量を減じていき、おまけに保管されなければならなかったからである。

それゆえ、資本を必要とする者には、四方八方から提供の申し出があった。**利子は、誰も要求しなかった**。というのも、このようにして錆や腐敗から身を守れるなら、すでに利子以上の利益があったからである。百受け取った者は、また百返せばよかった。それどころか、多くの資本家は九十九かそれ以下でも満足した。

誰かが家を焼失したら、四方八方から資本家が無利子で資本を提供するために駆けつけた。その際、このやり方で支援して、職人が家を再建し、働き、稼ぎ、その後に資本家に前借りした資本を返済すると、もっと我慢できなかったことに資本家は腹を立てた。彼らは、職人が資本をさらに長くもち続けていれば、好感を抱いたことだろう。というのも、いまや再び資本が自らの手の内で日々価値を失っていっており、それが貨幣の形をとろうが商品の形をとろうが、まったくどうでもよいことだったからである。

求める者が資本を見いだせないという事態が、減るわけではなかった。信頼のおけない人間には、何も委ねられることはなかった。というのも、全損害を被るよりは、錆による部分的な損害が選択されたからである。したがって、経済的に自立する術を知らず、そのために日雇い労働を買って出る人々も、いつもいた。ともかくこのような人々には資本がいっさい提供されず、結局は自己負担で働くことになったわけだが、それでも、監視下で働く人々の必要性、需要はいっそう大きなものとなった。ひとがこのような力を確保するためによく争うのは、労働力で何かを手に入れたいからではなく、どうせ日々価値を減じていく資本を、再生に用いることによって、安全なものにするためであった。したがって、労働者の大きな需要があるところでは、労賃が提供された労働の価値に到達し、それどころかしばしばそれを上回ったとしても、当然であった。利益が見いだせないとしても、これはやるべきことであった。なぜなら、その損失は資本が錆等によって被った損失よりも常に軽微なものにすぎなかったからである。

どうひねってみても、あれこれ悩んでみても、この損害に対する防護策はなかった。たしかに土地を買うことはできただろうが、いったい誰が土地を売っただろうか。いったい誰が、日々価値を減じていく商品や貨幣と交換に、一アッカーでも売っただろうか。その耕地を耕す働き手も得られなかったり、収穫がもたらすよりも多くの賃金を働き手に支払わなければならなくなったりするならば、いったいその土地で何をしようというのか。

家を建てることもでき、それをもっと大規模に行なうこともできただろうが、たくさん家が建てられれば建てられるほど、需要は減っていった。賃貸料は非常に低いので、維持補修の費用を賄うことはできなかった。それにもかかわらず、この種の資本投下はまだしも最良のもので、その結果、非常に多くの家が建てられ、皆がきれいで広い住居を手に入れた。

家屋建設と並ぶ良い資本投下として、自らの生産手段の改良も見られた。職人は、自らの機械や工具を改良したり増やしたりする方向に転じた。農場主は家畜の品種を改良し、森を開墾し、沼地を干拓し、こうした方向で仕事がなされればなされるほど、より良い商品、より多くの商品が市場に届き、島民はますます豊かになり、**蓄えはますます増え、蓄えが増えれば増えるほど、資本供給、労働者への需要もますます増えた。**

資本を損失から守る逃げ道はいっさいなかったので、誰もが商品の品質を良くすることによって、蓄えにできるだけ長持ちする形態を与えようと努力した。その結果として、常に最良の品質が求められるようになり、職人は自らの芸術的センスを働かせる十分な余地を残せるようになった。**職人の競争はその矛先を価格ではなく製品の品質に向け、**職人は誰もができるだけ安くではなく、できるだけ品質の良い製品を供給することに腐心した。

商品は貨幣と同じくらい良く、貨幣は商品と同じくらい良かったので、**全資本がいつでも流動的で、どんな試みにも進んで投資された。**

貨幣の保有者だけが新たな事業のために流動性のある手段を所有しており、大金持ちだけが新たな事業に関与できる今日とは、環境が違った。すべての商品が貨幣であり、ジャガイモ一袋、テーブル一台、家一軒を所有している者は誰でも、流動性のある資本を自由に使えた。

資本のこの流動性は事業意欲を大いに掻き立てたし、資本は常にその所有者を事業へと駆り立て、資本家の財産が被る損害は、資本家を常に新たな事業によって自らの蓄えに確固とした形をとらせる方向へ駆り立てただけに、この事業意欲はますます国民全般に広まった。**この同じ状況がまた、結果として、事業意欲を政治にも自然現象にも妨害させないことにつながった。**

ひとは何よりもまず、新たな事業によって資本を損失から守ることに努めていたので、十年、二十年、いや五十年かけてやっと終えられる仕事を企てても、別段どうということもなかった。だから、大陸の住民がその巨大な規模に驚くような仕事も企てられた。その際、個々の住民ではなく、全住民がそれに関与したので、皆喜んで自らの蓄えをそのような建造物に長期にわたって投資した。所有者は一握りの銀行家ではなく、数千人にものぼる株主だった。

職人が陥っている窮境が、蓄えを守るために、彼らを本能的に、協同組合方式で団結し、自らの資本を大きな工場の建設に振り向ける方向に向かわせ、その結果、こうすることでさらに団結の利益を享受できるようになった。共通の思惑で、この工場には最良の機械が備えつけられ、そこで働く職人は自ら株主になったので、設計図の作成段階で衛生面が考慮されたのも、当然のことだった。資本の利害と労働者の利害は、ここでは根底から一致していた。事故に対処する仕組みを整えるには、法律も強制も罰則もいっさい必要なかった。そうすることが、所有者自身の個人的な利益に適っていたのである。

このようないかなる危機によっても妨害されない作業工程、このような目的に適った完全に安定した経営状態において、好都合な結果が生じなかったとしたら、驚くべきことではないだろうか。

全住民が働き、誰もが働かなければならなかった。というのも、年金も利子もなかったからである。失業によって資本が失われることは、いっさいなかった。商品交換は分かりやすい形で澱みなく進んだので、商人は一人たりとも必要なかった。今日、事業の従業員、事務所、証券取引所、銀行、広告、出張販売員、ショーウインドウ、金庫等々の形で、商取引によって消費されている全資本が、生産施設に振り向けられるようになり、全般的な豊かさに力強く寄与するようになった。流通のなかで力を使い果たす貨幣の費用のかからない代用品による簡素な徴税は、あらゆる徴税吏を不必要にし、さもなければこれが生じさせたであろう出費は、再び有用な目的に用いることができた。例外なく全員が働き、生産し、概して多く生産されればされるほど、個々人の労働はますます交換価値を高めた。

商品はすべて生産地点から消費地点へ即座に移動したので、日々生産される以上の商品が売り出されることは決してなかった。だから、他人に負担をかけて生きていこうという気のある者が誰もいないからではなく、単純な理由から、つまり投機の対象が手に届くところになかったので、投機が行なわれることはなかった。この方向でなされた試みは、投機的な買い入れによって需要が増大するやいなや、即座に商品価格が高騰するが、その際にそれでもなお、資本の異常な流動性のもとで商品価格が通常の生産コストを少しだけ上回りさえすればよく、それが結果として他人との競争を即座におよび覚ますことが、考慮に入れられねばならなかった状況下では、永遠に失敗に終わった。

それゆえ、投機がある商品を独占しようとするのに比例して、価格を押し下げ、投機を無に帰せしめる競争が生じた。投機目的で意のままに用いられる資本が、商品に投資されようと貨幣に投資されようと、日々価値を減じていき、それゆえ、この確実な損失が、運送料、火災保険、保管料等が投機のために市場から引き離された商品に負担させる出費とあいまって、あるいは得られるかもしれない常に不確実な利得の収支を調整するどころか、どんな投機意欲も萌芽のうちに摘み取る、という事態がなおも見られた。

どうこねくりまわしてみても、流通全体に投機家が足場を固める場所はなく、このような状況は流通と競争関係に確固たる基盤を与え、物価を変動させないことに、尋常ならざる貢献をした。

商品は貨幣と同じくらい良いものなので、誰も自らの商品の買い手を慈善家と見做すことなど思いつきもしなかった。というのも、買い手と売り手は完全に対等な商品所有者であり、両者とも、取引の成立に同じ利害を有していたからである。その結果として現れたのは、あらゆる者のこのうえなく完全な経済的独立、沸き立つ血潮で夢想に身を任せているアナーキストよりも完全な経済的独立であった。それゆえ誰も、自らの意見を率直に口にすることを避けようとはせず、選挙に際して、誰も自らがどういう選択をしたのかを秘密にする必要もなかった。国民の本当の心情を知るために、品位に欠ける秘密選挙の制度を必要とすることもなかった。増大していく富、労働の生産性の高さが営業努力を刺激したにもかかわらず、この地上の宝を一顧だにせず、意味なくひねもす働くよりも、自らの欲求を制限することをむしろ選ぶ者も、少数ながら存在した。このような人々は、労働しなければ富は得られないので、たしかに豊かではなかったが、少ない労働と引き換えに、自らのわずかな欲求の満足のために必要なものは常に手に入れた。

他方、個々の貪欲、強欲、営業努力は、決して他者にとっての現実的な脅威にはなり得なかった。というのも、ある者がいかに働き、節約し、貯め込んでも、**それは常に自らの活動の産物にすぎず、自らの財産に付け加えることのできるものにすぎなかった**からである。

利子も、支給されない労賃も、商業上の利得も、投機による略奪品も、その者が財宝を蓄える助けにはならず、この財宝がその所有者に力を授けるのに足る量に達するずっと前に、死の姿をとって、あらゆるアナーキストのなかでも最強のものがやってきて、それを分配してしまった。魂の安らかに憩われんことをR.i.p.。

私はいましがた叙述したような経済関係に基づいて、バラタリアの住人の文化的発展をさらに細部にわたって描写することは、読者に委ね、私はそれにはかかわらない。金の代わりに、**われわれ自身やわれわれの生産物より**良いわけではないもの、他のあらゆる商品が錆びるのと同様に錆びる交換の仲介者を導入するやいなや、**経済関係が必然的にどれほどの発展を遂げざるを得ないか**を詳述することが、私にとっていったいどんな重要性があるというのか。

カラリア

読者にとっては、バラタリア島における流通と今日の仕事をとりまく環境との相違は、注意を引くものだろう。

商人のいない国、商店のない都市は、いずれにせよ目新しいものである。

商品の価格が固定され、いかなる投機も商取引を不安に陥れることがなく、破産も法執行も見られない国は、読者にとって、少なくとも興味深いものと思われるだろう。現金払いが導入され、仕立屋が顧客に敬意を払わず、貸与された資本にいっさい利子が課されない国は、読者には、まったくあり得ないもののように思われるだろう。経済危機がなく、誰もがいっぱいに満たされた保管庫をもち、誰もが消費者の直接的な注文に応じてのみ働き、決していかなる状況下でも仕事不足が蔓延することがあり得ない国は、満場の惜しみのない喝采を博するだろう。

国家が目に見え感じられる税を徴収せず、国家があらゆる歳出のために人目につかない税源を有している国は、読者には全くの謎にとどまる。

労働者が自らの労働の完全な対価を受けとり、商品が現金と同じくらい良いもので、労働者自身が株主なので、誰もがこれ以上ないほどの経済的独立性を有しており、金ではなく、まったく見栄えのしないものが商品交換を仲介する国は、読者には、社会主義的ユートピアのように思われるにちがいない。

しかし、読者が注意深く先入見なしに本質を読みとったなら、これらすべてはただ一つの原因の直接的な結果にすぎず、交換の仲介者として、われわれ自身やわれわれの生産物より良くも悪くもないもの、われわれ自身と同じように灰であり、再び灰に還るものを導入するやいなや、原因から結果として生じるもの、つまり流通が必然的に発展せざるを得ないことを、認めねばならなくなるだろう。

さて、矛先を転じて、ヨーゼフ・ハイエンが島民に、オークの実の価値を重さではなく数で算定することを提唱し、その結果、同じオークの実は額面価格上、常に同じ価値を表すことになり、貨幣の重量が減少しようがしまいがどうでもよいことになった場合を、想定してみよう。

貨幣を維持する費用は、この方法なら、もはや貨幣の保有者の負担にはならず、今日硬貨の磨滅が国家に負担をかけているのとまさに同じように、国家の負担になる。

したがって、貨幣は額面価格上、常に同じ価値を有し、それが古かろうが新しかろうが、磨滅していようがいまいが、変わりはなく、それゆえ、貨幣の重量はもはや必要のないものになる。

この利点が目に飛び込んできて、すぐには否定できなくなるが、この小さな利点が百万倍もの不利益によって帳消しにされないかどうか、見てみよう。まず何よりも、国家はいままで行政費用を賄ってきた財源を失い、その代わりに、複雑で悩ましく出費のかさむ税の処理方法を導入しなければならない。

通常の支出のために税を徴収しなければならないのみならず、この税を徴税の費用、つまりドイツの状況に譬えると、この徴税とともに私人の側に重くのしかかるあらゆる出費を計算に入れるなら、税額の十パーセントになる額と引き換えに、引き上げなければならない。誰かがその税金を支払うなら、それは税務署に支払う貨幣にかかわる問題であるのみならず、関税納付等の際に失われる時間、狼狽している者にとって結果として強制執行による徴税をもたらす損失にかかわる問題でもある。

しかし、さらにまた、状況は一挙に変わる。

おや、誰もが、これはまさに以前よりもずっとよい貨幣であり、以前とはちがって腐らず、腐ってもその損失は自分の勘定にはならない、と思っているのか。蓄えを錆から守るための、すばらしい貨幣、すぐれた装置。

貨幣は、誰も手放さない。なぜまだ貯蔵室を設置するのか。こんな古くさい設備など消え失せろ。商品の損傷を防ぐのは、もううんざりだ。**こんな仕事は、他人に任せる。**車を寄越して、この在庫品を市場にもっていけ。私は貨幣をもっていたい。新たな、長持ちする貨幣万歳！

しかし奇妙なことに、このような抜け目のない考えを抱いたのは一人だけではなく、すべての島民の頭に稲妻のように同じ考えが閃いた。四方八方から、商品が流れ込む。恐ろしい数の群衆が通りに溢れ、車につぐ車、頭につぐ頭がどこまでも並び、皆が商品を売りに出し、誰も買おうとはしない。

蓄えを貨幣という安全なものに変え、蓄えを錆から守るという当然の願望が、いかに今日観察される巨大な商品供給の原因となるか、を目の当たりにすることになる。

「ユダヤ人、おらの馬をいくらで買うんだ」とシュタイエンは、買い手が現れるまで長いこと待たなければならないことに苛立って叫ぶ。私は彼らに前に言っていたように、三十ターレル差し出す。

「うせやがれ、ユダヤ人」

色とりどりの布地をいつものように気軽には売れない別の者が、テーブルの上に乗って、耳をつんざくような声で自らの商品の宣伝を始める。

彼はターレルからグロッシェンに引き下げるが、誰も布地を欲しがらない。そう、皆が売りたいだけで、買うつもりのある者は誰もいないのである。

商品を貨幣に変えたいという共通の願望が、商品交換を困難にするのを、目の当たりにすることになる。

善良な島民は卑劣な所業を重ねて動けなくなり、馬鹿な鵞鳥のようにお互いに見つめ合う。遅くなり、冷たい雨が降ってきて、新たな貨幣に沸いた島民は、空腹のまま、悪態をつきながら再び荷造りし、目的を果たさないまま家路につく。しかし、同じ考えの農民たちが「赤鼻の」亭主のところに立ち寄り、グイッといっぱい飲み干して怒りを抑える。そのなかには、高ぶった調子でヒルシュゾンのことを語る、わが友ハイエンもいる。

馬鹿者が！　やつは自分が保有しているなけなしの現金を使ってしまっているじゃないか。やつは商品を大量に所有していて、商品は貨幣と同じくらい良いものだと思ってやがる。やつは、国家が以前の財源すら失ってこのかた徴収している税のことも考えちゃいないんだ。

あまり飲みすぎるな、ハイエン。お前の現金をとっておけ。さもないと、まずいことになるぞ。

しかし、はじめにこのような日々を送った結果、一万人の農民と職人は、仕事日をすべて市場で過ごすことになり、島民の国民資産は一万労働日の生産物の分だけ乏しくなり、五マルクずつだと五万マルクになった。

次の日も、再び善良な島民が自らの商品の前で柱のようにじっと突っ立ち、商品は目的を果たせずに再び積み込まれなければならず、ハイエンは亭主のところで座り込んで、一杯やりながら、見事な馬にあろうことか今日たった二十ターレルの値しかつけなかったヒルシュゾンの陰口をたたく、という同じ光景が繰り返された。

お百姓さん、お百姓さん、お前さんは新たな長持ちする優れた貨幣の目につかない釣り針に引っかかって身動きできなくなっていることに、注意を払ってこなかった。明日には、お前さんは税を支払わねばならず、現金はもう一銭もなくなってしまう。お前さんの穀物倉はいっぱいで、お前さんの耕地はよく耕され、お前さんの馬はまさに商品見本のようだが、お前さんには重要なもの、先立つもの Nervus Rerum が欠けている。

再び人々は仕事日をまるまる、まったく何にもならないことのために市場で過ごし、島民は再び五万マルクほど貧しくなる。次の日も同じことが繰り返されるが、ただ農民は不安感に駆られて、いつもより一時間早く起き出した。というのも、誰もが市場に一番乗りしたがったからであり、商品を売れる最大のチャンスをものにしたかったからである。

われらが友人ハイエンの身に何が起こっただろうか。彼はともかく、朝三時に一番いい馬に乗って町まで急いだ。火事にでも遭ったのだろうか。子供が病気にでもなったのだろうか。医者のところに急行しているのだろうか。

いや、ちがう。彼は今日、税を支払わねばならず、今日という今日はなんとしても馬を売ってしまわなければならないのである。なんとなれば、自分の支払いが遅れていると誰にも言い触らしてほしくないからである。だから彼はそんなに急いでいたし、だから農民の長い車列を駆け足で追い抜いていったのである。彼は一番になりたがっているのである。彼の唯一の気がかりは、ヒルシュゾンがうまいことそこにいるかどうかである。彼の思考は、馬商人をめぐって堂々巡りした。だが、ヒルシュゾンは病気にはなってないだろう。天候は、昨日は荒れ模様だったが！

ハイエンが市場に姿を表した時には、まだ辺りは暗く、彼はじりじりしながら夜明けを待った。しかしその間、ヒルシュゾンはベッドで安らかに眠っている。彼は何も急ぐ必要はない。そう、彼は先立つものをもっており、それが自分を見捨てることはないと、はっきり分かっているのだから。

われらが農夫は何時間も待ち続けなければならないが、やっとのことで彼の気難しい表情が晴れやかになる。ついに彼は、雑踏のなかにかのユダヤ人を見つける。ありがたや、ヒルシュゾンは元気だ。彼は病気にかかっていない。神は我をお見捨てにはならなかった！

おはよう、ヒルシュゾンさん！彼はまだ遠方にいるうちから呼びかけ、帽子をとる。ここですよ、ヒルシュゾンさん、私の馬をちょっと見てみませんか！

あらあら、声音がまるで違ってしまっている、と商人は思う。よっぽど売り急いでいるにちがいない。

動物に触って試してみる。動物の歯をよく調べてみる。これはもう五歳になっている。むやみに餌を与えられており、蹄には鋲が打たれていない。

私は私の付け値を取り消す。その馬に、十五ターレルなら出そう。

農夫は驚きのあまり呆然として、そこに立ちつくす。彼は完全に二十ターレル受け取れることを当てにしていたが、今はたった十五ターレルしか受け取れないことになってしまったのである。だが、彼には他にどうしようもない。彼は税を支払わねばならず、税務署は馬は受け取らない。先立つものが、そこでは求められているのである。

とっとと馬をもっていけ、ごうつくばりめ、とハイエンは言い、群衆は頭を振りながらこの風変わりな取引を眺めている。

今日商品と貨幣の間に存している大きな相違が、ここには見られる。そのことから、商品所有者や生産者が貨幣保有者にたいして、どのような依存関係に陥っているのか、貨幣保有者はこのような生産者の依存から、どうやって資本を引き出すのか、が分かる。しかしまた同時に、今日各人が自らの資産状態にたいしてどんな注意を払わなければならないか、どんなにわずかな怠慢でも、いかに強欲な者につけこまれるか、も分かる。

物価が下がる、と島民は言う。貨幣が乏しくなった！

しかしながら、そこには以前から同量の貨幣が存在した。ほとんど一プフェニッヒも減少していない。違いは一つしかない。以前は貨幣が錆びれば保有者の負担になったが、今は国家の負担になっている。だから、誰も貨幣を手放さない。誰もが商品が錆びることで被る損害を、他人に肩代わりさせようとする。誰もが貨幣に代えることで、自らの蓄えに長持ちする形態を与えようとする。

大きな供給、小さな需要、物価の下落。

しかし、物価が低くなっても、商品を取引しないわけにはいかない。皆、一番必要なものしか買わない。袋いっぱいではなくて一ロート、一樽ではなくて一リットルしか買わない。余ったものは常に、売り手によって再び荷造りされなければならない。

今、人に商品を届けるのには、言葉では言い尽くせない労苦がともなう。新たな、すぐれた、長持ちする貨幣制度が島民にたいしてすでに引き起こした損害は、千にものぼる。

それにしてもなぜ、夕方には再び家に持ち帰らねばならないというのに、毎日商品を市場に運ぶのか。最初はテントだったが、堅牢な家が建てられ、良い時が巡ってくるまで、商品がそこに格納される。これらの家は莫大な資本を食うが、誰がこの資本を贖わねばならないのだろうか。

みごとな大通りが築かれ、ショーウインドウには商品が陳列される。これらの品物の手入れには人手が必要になるが、誰がその費用をもたねばならないのか。

購入されたあらゆる商品から、商人が自分のために十分の一の利益をとる。誰もが商人に向いているわけではない。買い手は尊大で、貨幣の力を盾にとり、千もの要求をし、誰も満足しない。こうした困難は、駆け引きや取り引き上の策略によって克服されなければならない。商人のなかでも、この駆け引きの才に秀でている者は、わずかしかいない。そうした商人は、他の者よりはるかに売り上げがよく、十分の一の利益も多い。彼らは蓄えることができ、貨幣の形をとらせることで、蓄えに永続的な形態を与える。これまでは生産者の思惑で販売していた商品を、今度は自らの思惑で購入することができ、しかも現金で購入できる。そのため、彼らは商品につぎ込んだ**資本の埋め合わせ**として、彼らが値引きとか現金割り引きなどと呼ぶ、報酬の割り増しを生産者に要求する。

ついこのあいだまでは生産者の保管庫に寝かされていた、彼らの私有財産であった商品が、今は商人の所有物となるが、それは以前には存在していなかったものである。

どうやってこの資産移動が行なわれたのだろうか。

商人は言う。これらの商品はわれわれの労働収益であり、なんぴともそれを認めないわけにはいかない。なぜなら、商人は実際に、しかも過重な労働をしてきたからである。

少なからぬ数の商人がおり、商品をポンド‐ロート単位で小売りするためには、多くの人々がそこにいなければならない。おまけに、取引はますます簡単には進まなくなり、買い手はいよいよ尊大になり、彼らは商品にますますけちをつけずにはいられず、それにもかかわらず、彼らは最も安いものしか買わないのである。

取引と値引き交渉は延々と続くが、誰がこの商人の時間の喪失を最終的に贖うのだろうか。

島民の保管庫には、自ら消費するために一定を商品が収められていたが、それも空になる。そこにあればいかなる保管料も生じさせなかった商品が、商人のものとなり、今度は小売りのために十、十五、二十パーセントの商取引上の諸経費を取り立てる。

ここには、貨幣として商品そのものよりも良いものを導入するやいなや、商取引が受け入れざるを得なくなる、自然な発展過程が見られる。

しかし、保管庫が空になるのに応じて、仕事場は自らの産業の産物でいっぱいになる。自らの必需品を保管する代わりに、今では、靴職人の仕事場は誰も欲しがらない靴でいっぱいになる。売れ行きをよくするために、彼はそれまで家族が暮らしていた美しくて健康によい、大通りに面した部屋を立ち退き、妻子をじめじめした奥の部屋に閉じ込め、大通りに面した部屋にはショーウインドウを設けて、靴、室内履きなどを所狭しと陳列する。以前は靴屋の血色のよい子供たちが薔薇の茂みの間の窓際に見え隠れしているのが見られたものだが、奥の部屋のじめじめした空気のもとで薔薇とともに薔薇色の頬がたちまち色褪せていくだけになおさら、靴職人のこの移転とともに町の外観がよくなったとはとうてい言えない。

靴職人は、以前は注文に応じて働いたものだったが、今は倉庫のために働く。彼には、需要があるのかないのか分からない。靴が売れるのか、運悪く売れ残るのか、分からない。

彼は幸せを目指して努力するが、職人はすべてそのような境遇にある。過剰生産という言葉が響きわたる。仕事が減らされる。自営ではない労働者は仕事を探すが、失業によって日々巨額のお金を失われたものとしてあきらめる。

夏になり、畑地がすばらしい光を放ちはじめる。

畑地の大司祭‐雲雀が自然の祭壇で荘厳ミサを催すために、天へと昇っていく。植物は深い祈りに入って穂を大地に傾け、愛する主任司祭の祈祷に敬虔な態度で耳を傾け、その歓喜の歌に近くを流れる小川が快い旋律で唱和する。ハレルヤ、ハレルヤ。

ヨーゼフ・ハイエンもひそかに雲雀の歌声に耳を傾け、彼の心は自らの仕事に祝福を与えてくださった造物主にたいする感謝の念で満たされる。物思いに沈み、彼の思いはこの地上の塵を超え、あらゆる山々を越えてさまよい出て、遠くの青い霞のなかに消えていく。

彼は作物から得られる貨幣のことも、暗闇で手ぐすねを引いている投機のことも、考えていない。

しかし、藪のなかでいったい何が悪魔に媚びへつらっているのだろうか。音もなく草のなかでうごめき、上空の歌い手に貪欲な視線をじっと向けているのは、いったいどんな動物なのだろうか。

ヒルシュゾンは町でどうなっただろうか。彼は店から店へ狂ったように走り回り、結び紐、農民が刈り取り機の穀物を束ねるために使う結び紐を買い占める。彼はどんな値段でも払い、在庫をまるごと買い取る。明日には収穫が始まるはずである。

鳥の悲痛な鳴き声がハイエンを夢想から覚まし、彼が目を上げると、爬虫類が口に雲雀をくわえて藪に消えていくのが見えた。彼は憤然として立ち上がり、結び紐を買いに町に向かう。雲雀が歌う喜びのために命を代償にしなければならなかったことに、彼は憤っていた。馬鹿者が！

以前ハイエンはあらかじめ保管室に結び紐を常備していたが、すぐれた長持ちする貨幣が導入されてからは、むしろ商人に保管の心配をさせておけばよかった。

彼は、一ツェントナーの結び紐を自信満々で商人に要求する。そう、彼の財布のなかには、先立つものが入っているのだから。

遺憾なことに、色好い返事が返って来ない。なんだって、収穫が目前に迫っているというのに、結び紐が一本もないだって。

二人目の商人のところでも、同じ返事だった。じゃあ、どこに行けばブツを手に入れられるってんだ、と愚かなハイエンはいまいましげに尋ねる。ヒルシュゾンのところで。

まだ遠方にいるうちから、ハイエンはぞっとする噂を耳にする。大勢の農民がヒルシュゾンの店の戸口に立って、ペテン師だの高利貸しだのと怒りの声を上げている。何が起こったんだ。

一キロの結び紐に十マルクも払わなければならないとは。等価物、同価値の商品は普通五十プフェニッヒしかしないのに！　前代未聞の搾取だ。

その間、ヒルシュゾンは彼の結び紐の上に落ち着きはらって腰を下ろし、農民たちが荒々しい憤激の声を上げても真面目に取り合わなかった。彼は自分のしていることに確信があった。農民たちにとっては、要求された額を払うか、穀物を収穫前に腐らせるか、が問題となっていた。というのも、結び紐がなければ、機械は動かないのだから。

ヒルシュゾンは、ここで一挙に十万マルク儲け、ハイエンはといえば、雲雀が歌うことで自分に千マルクの損害を与えた、と言い立てる始末である。

投機は他でも大なり小なり日々行なわれているとしても、ここには最も剥き出しの形態の投機が見られる。しかしそれは常に、蓄えに商品ではなく貨幣の形をとらせるという悪習のみを足場にしている。それによって、投機家がある一定の種類の商品の在庫にたいする精確な洞察を得て、この在庫の不意の買い占めをとおして、消費者を困った状況に追い込むことが、可能となる。また、この投機に駆り立てられて、誰もがいかに物質的利害に間断なく注意を払うことを余儀なくされているか、が分かる。というのも、投機の網にたいしては、誰も安全ではいられないからである。これを行なわない者は、乞食として通りに放り出される。今日、人間にはもはや物質的利害にかんする感覚しか残されていない、という特有の現象は、このことから無理なく説明することができる。誰もが今日の所得にまつわる状況への不安感から、もっぱらお金にかかずらうことを余儀なくされているのである。

ヒルシュゾンはいまや資本、つまりは錆びないものを所有しており、彼は資本をどう扱えばよいかを心得ていた。彼は銀行を設立する。ずっと以前から、このような制度への欲求があることは、分かっていた。というのも、信用貸しの仕組みが避けられない必然性をもって根を下ろしていたからである。

職人は家いっぱいの靴を抱えているが、貨幣はなく、自家用の在庫はさらに少なかった。彼は掛けで買っているのである。

掛けで売る商人は、現金で買うことができず、彼は彼で掛け売りを要求しなければならない。ヒルシュゾンは銀行をようやく開いたばかりだったので、あちこちから信用貸しを頼まれる。ヒルシュゾンは六パーセントを請求し、手形が発行される。

ヒルシュゾンは、したたかな商人だと取り沙汰されている。彼の商売上の倫理はいかなる逡巡も超越しており、彼には全幅の信頼が寄せられ、島民は臆することなく自らの蓄えを彼のところにもってくる。彼はこのような預金に四パーセントの利子を払う。二パーセントの差額を、彼は手数料として徴収する。

以上のことから、長持ちするすぐれた貨幣がいかに商品交換を緩慢にし、信用貸し制度を生じさせ、そのことがさらに銀行を欠くことのできない存在にするか、が分かる。

しかし、商人が銀行家に払わなければならない六パーセントの利子を、彼らは自分たちの財布から払うわけではない。この利子は、一般経費として商品価格に上乗せされる。その上さらに、四パーセントを加える。なぜなら、商人は道楽で交換を媒介しているわけではないからである。

このことから、どのようにして預金者が銀行家から四パーセントの利子を受け取り、他方で、彼らはどのようにして商人に八パーセントを商品価格として返済するのか、が分かる。

しかし、このことを島民は見通してはいない。銀行家が払う利子は、欲望を激しく刺激する。余分のグロッシェンはすべて銀行にもたらされ、ひとは掛けで買うことで、さらに貨幣を銀行にもっていくことができる。そして、この悪習が広まれば広まるほど、生産者はますます窮境に陥り、商品はますます寝かされたままになり、信用貸しがますます要求され、銀行家の書類鞄にはますます多くの手形が貯まる。商品交換全体が信用貸しを基盤とするようになる。それは債権者と債務者の果てしない連鎖を意味し、一方が他方に寄り掛かる。悲しいかな！　一つの環でも切れると、たった一つの環の切断が無慈悲にも鎖全体を奈落に引き込むのである。

あらゆる貨幣が、銀行家の手を通っていく。すべての流通経路が彼の手に集中し、銀行が商品交換全体を支配する。

預金はすべて、長期にわたって解約不能である。しかし、商人の手形は大部分、一定の日時に期限が来る。ヒルシュゾンはそれをそのように調整する術を心得ていた。というのも、彼は大強奪を企てているからである。

彼はなんらかの口実をもうけて、新たな信用貸しの要求を撥ねつける。彼が言うには、彼は翌年にはバッタが収穫物を全滅させることを夢想していたのである。彼はさらに多くの貨幣を流通から引き離すために、六パーセントの預金利率を受け入れる。彼は未回収金を厳しく取り立て、すぐにすべての貨幣が銀行に集中することになった。

商品交換は完全に中断してしまった。需要は減り、物価は下落する。商人の方は、未回収金をいっさい取り立てることができない。貨幣はまったく入ってこず、支払期日が日一日と近づいてくる。ぞっとするような危機が世を覆い、誰もその原因を言い当てることはできない。

債権者は債務者に支払いを迫り、彼らは彼らでその債権者から支払いを迫られ、脅される。現金の差し押さえが行なわれ、農民の全財産が捨て値で競売にかけられる。商人は脅かされた名誉を回復するために、最後の逃げ道に手を伸ばし、大きな競り売りを催すが、**唯一の買い手はヒルシュゾンの代理人である**。というのも、ヒルシュゾンは同等の商品、等価物、先立つものを手中にしている唯一の人間だからである。

誰もヒルシュゾンを非難することはできず、むしろかえって彼を褒めそやす。なぜなら、彼は手形を拒絶せずに、複利で更新してくれるからである。

ヒルシュゾンは、今度は利率を不意に二パーセントに引き下げる。——すると、預金が銀行から離れる。信用貸しにおいては、ヒルシュゾンはかなり気前がよい。信用貸しの要求はすべて認められ、銀行にはもはやびた一文見当たらなくなる。

大量の貨幣が流通する。貨幣はもはやほとんど価値がなくなり、**ヒルシュゾンは今度は危機の間に手許に購入しておいた商品を売りに出す。**

彼は仕掛けに使った貨幣の二倍の金額を手に入れ、ここで百万儲ける。

ここには、今日金融業界が行なっているような投機が見られる。両者はただ単に、商人の位置を国家が、商品の位置を株券が占めていて、略奪された金額が百万ではなく、総計数百万にものぼる、という点で異なっているにすぎない。私人が余剰の資金を銀行に持参し、銀行家がすべての自由に使える資産を手中に収め、有価証券を流通で押し上げたり押し下げたりする、この恐ろしい力を利用して、差額をまるまる儲けとして懐に収める。おなじみのこのような略奪がなされた後に、破産した商人や工場主のおびただしい死体が戦場を彩ろうとも、そんなことは銀行家にとっては瑣末などうでもよいことである。民衆は預金によって、銀行家が預金者を罠にかけ吸い尽くすための、網を紡ぐ糸さえ提供する。

いまやヒルシュゾンが命令を下すことになった島民たちにおいては、状況が大きく変化した。商取引は、途切れがちで不規則な貨幣流通によって、いっそう困難になる。物価は上下し、同等の商品、等価物は日々その購買力を変化させ、今日の巨人が明日には小人となり、どんな物にももはや不動の価格というものはなくなる。商取引には尋常ならざる注意力が必要とされる。並の精神力では、下働きしかこなせない。仕事で上に立つ者自身は、銀行家の策略を首尾よくかわすための、天分に恵まれた思慮深い人物でなければならない。商取引には最も有能な人物が必要とされ、無能な人間は押しつぶされ、学問と産業にはもはや能無しと奇人しか残されていない。

職人は労働者であるよりもむしろ商人であらねばならず、自らの商品の価格変動について常に精確に知っていなければならないので、原材料の相場表がお気に入りの読み物となる。こうした価格変動に十分な注意を払わない職人は、概して技術的には最もすぐれているが、プロレタリアートに身を落とす。

商取引の諸経費は、農民からその生産物のかなりの部分を奪い取る。彼らが以前に蓄えたものは、商取引と投機をとおして、商人と銀行家の懐に入る。

彼らはかろうじて税金を払い終えたところである。道路や鉄道建設に使える資本はもうない。彼らは倍働いて蓄えようと努めるが、増大した生産は物価下落を引き連れてくるだけで、貨幣保有者にとって有利になるだけである。

われわれには鉄道がない！と農民が叫ぶ。鉄道建設はもう決定しており、自由に使える資金を手中にしているのは、商人と銀行家だけである。農民もすすんで協力したいとは思っているが、資本をどうやって自由に使えるようにするのか。資本は貨幣ではなく、増大した供給は物価下落を引き連れてくる。株券に署名するのは、農民にはあり得ないことである。

今日、鉄道が建設されるのは、それが儲かるからであり、貨物運賃率ははじめから儲かるようになっている。以前は、街道が整備されるときには、住民の便宜のために自治体がそれを負担し、誰も金利のことなど考えなかった。しかし、鉄道は街道とはまったく違うものである。鉄道にたいしては、利子、金利、配当が要求され、さもなければ鉄道は建設されないので、いまや島民は商取引の諸経費に加えて、さらに鉄道の配当も払わなければならない。貨物運賃率は、農民がなんとか細々と生きていける程度に算定されている。彼らの納税能力は衰える。国家がどうしても着手しなければならない若干の大規模建設にかんしては、税金では絶対に資金を調達できない。国家は公債に頼るが、国家に自由に使える資金を提供できるのは、またもや商人、銀行家だけである。この公債のために、国家は金利を払わねばならず、この金利額が翌年の予算に重くのしかかる。金利生活者は、以後急速に進行する消耗性疾患に陥ってしまった国家に、自らの吸い取り装置を取り付ける。毎年、国家は金融市場に顔を出し、毎年、生産者の納税能力は衰え、それに応じて、利子と複利に必要な金額の償還のために税金によって徴収されなければならない総額は膨らむ。

多くの農民は、いまとなっては出費を切り詰めなければならない。少なからぬ者が、自尊心か無分別から、そうすることができない。彼らは支払いをかかえて戻り、高利貸しは村をくまなく回る。徴税吏が必要となり、その給与が次の予算の重荷となる。法律に則って売却が行なわれる。公証人や執行官は、霞を食っては生きられない。税の差し押さえという恥辱を回避するために、少なからぬ数の農民が抵当権を使って難を逃れる。抵当権設定会社が金利生活者、商人、銀行家によって設立され、この人でなしが根を下ろしたところには、もはやペンペン草も生えない。地方のプロレタリアートは、いまや精も根もつき果てている。以前は太った豚を平らげることもできたヨーゼフ・ハイエンは、いまは豚を、常にそのよい買い手となる金利生活者のいる町に送らなければならない。ヨーゼフ・ハイエンはこうした変化の説明を、気候が厳しくなり、土地がもはや同じ収穫を上げられなくなったことに、求める。彼は、長持ちするすぐれた貨幣がその原因となりうることには、思いが及ばない。

彼は自分の農場の隣に大きな沼地を所有しており、これまで何年も、それを干拓するためにずっと懸命に働いてきた。彼の次男がそのうち結婚したら、そこに居を定めることになっていた。しかし彼はいまは、その沼地の干拓に取り組めなくなっている。すぐに利益の出ない労働に取り組む時間が、彼にはいっさいないからである。沼地はまだ以前のままになっている。

ここに概略、いかにすぐれた長持ちする貨幣が、この貨幣の特権を利用し尽くす術を心得ており、生産者を破産させる、抜け目のない連中だけに有利に働き、いかに農村の住民の没落が、耕作されていない荒れ地を耕地に変えるのを不可能にする原因となっているか、が見られる。

耕作する農地のないハイエンの息子は町へ向かい、ヒルシュゾンのところで下僕となり、その台所で、父親が抵当料の償還資金として市場に出した豚の太股に齧りつく。

他にも多くの者が、彼とともに田舎から町へ移動する。多くの者は切羽詰まって、少なからぬ者はここで見せつけられる華やかさ、贅沢に引きつけられて。というのも、田舎がいまや町へ、商取引の諸経費、抵当料、賃借料、投機の略奪品、鉄道の配当金のかたちで支払わなければならない年貢は、金利生活者にあらゆる種類の豪華建造物へお金をつぎ込むことを許し、一方で、田舎では農民が小さな庭の手入れをすることさえあきらめねばならなくなってしまったからである。以前は花壇があった戸口の前に、農民は時間を節約するために、堆肥の山を築くことになってしまった。

貨幣をもっていれば、農民は全世界の所有者であるが、農民が窮乏するにつれて、彼らの購買力は減少し、産業部門全体が麻痺させられてしまった。それを営んでいた職人は、田舎から流出して大量のプロレタリアートになってしまった。たしかに、仕事は十分にあった。金利生活者のための贅沢品を製造するあらゆる作業場には、活気が満ちあふれていた。しかし、この産業は特別な作業道具を必要とするが、それをどこから調達するのか。

そこに、ヒルシュゾンがまたもや、救いの天使として姿を現わす。すでに彼は多方面で貧窮に苦しむ人々を救い出していたが、ひとはいわれなく寛大さをアピールするものではない。町が大銀行制度、大通り、鉄道を有しているのは彼のおかげであり、彼の貢献に感謝して、町は彼を名誉市民に指名した。

ヒルシュゾンは煉瓦をかき集めて、大きな工場を建て、そこに最新の機械を備えつけた。千人の人間がそこでネクタイ製造の職に就き、誰もが大慈善家にうやうやしく挨拶した。

皆が同じだけそれにありがたみを感じたわけではない。なぜなら、彼は従業員に生活していくのに必要最低限の給料は支払ったが、それ以上ではなく、それを引き下げることもできたからである。生活していくのに必要最低限の給料が銀行家によって定められていない下級の職人は、必要を満たすために、以前よりずっとあくせく働かなければならなかった。

ひとが隣人に示す善行は、天国ではじめて実をつけるわけではなく、この工場はそのような善行の一つであった。ヒルシュゾンは、このネクタイ工場でお金を稼いだ。

犬が獲物を嗅ぎつけるよりもうまく、商人は貨幣を嗅ぎつける。そして、ヒルシュゾンが労働者を踏み台にしてお金を儲けていることは、長くは隠し通せなかった。商売敵の企業が、大地から勢いよく生え出てくる。

彼らの主導権争いのなかで、小さな独立した親方は押しつぶされてしまった。失業者の数は増え、労賃は下がる。——飢餓、窮乏、革命——

地球は人口過剰である！と教授連が叫び、メエ、メエ、メエと大勢が啼く。いや、労働者は腹帯を使うことを忘れてしまった。彼らは要求が多すぎる。地球にはその住民を今よりもうまく養っていく能力はない、と別の者が言うと、メエ、メエ、メエと大勢が答える。

われわれの存在の目的は、アダムによって犯された罪の償いであることを、諸君は忘れている。労働は、誤ってそう主張されているごとく、人間にとって名誉となるものではなく、神が罪人に課された罰である。要するに、地上は監獄である、と教皇は厳かに宣い、大勢がメエ、メエ、メエと啼く。

なんと！ 別の者が言う。この貧窮の原因はどこに求めるべきなのか。労働はきわめて思慮深いものであるから、われわれは学校を廃止しなければならない。

いや、逆に、労働者には良き教育が欠けている。彼らの労働ははるかに生産的なものであり得たはずだ。実業学校が不足しているのだ。そしてまた、メエ、メエ、メエという声が響く。

なんといっても宗教的熱狂、現在の状況を維持することへの関心が、いかに判断を歪ませ得るか、と社会主義者が言う。機械、生産手段の私的所有権にすべての責任がある。「革命的社会民主主義万歳！」という声が、何百万という喉から響きわたる。

誰が正しいのか、と**ヒルシュゾンは問う**。

鋤や糸車に大衆のプロレタリア化の責めを負わすのはいかに馬鹿げたことかを、われわれはここに見る。現在の状況のあまりにも分かりやすく表面的な考察は、当然このような結論にいき着く。今日の生産方式全体は、常に今日の貨幣制度を導入した結果であり、今日の貨幣制度によって歪められた自然法則の結果にすぎない。「需要と供給が物価を決定する」。今日の生産方式は、社会的病の**最終段階**にすぎない。今日の生産方式は、少数の手に資本が集中し、それに相応してプロレタリアートが生み出されること、を前提としている。この両方の要因がなければ、それは発生しない。

大衆のプロレタリア化と資本の集中が、貨幣鋳造権が財源として王侯貴族から取り上げられた日、すなわち、いわゆる整然とした貨幣比率が導入された日、国の行政費が貨幣から商品に押しつけられた日に始まったということを、歴史的事実に基づいて立証しようにも、私には資料が不足している。私の知るかぎりでは、ジョージ二世の統治下に王室の貨幣鋳造権がはじめて廃止されたのはイングランドであったし、イングランドは資本主義が生まれた国である。イングランドが味わい尽くし、ともすれば新たな機械の発明にその責任がなすりつけられがちな大きな危機は、とりわけ財政危機につながる可能性が高い。私としては、偉大で知的な国民が若干の糸車によって漫然と妨害されるがままになっているとは、想定できない。

マルクスは社会主義者たちを前にして、われわれが今日首を横に振りながら考察している奇妙な経済状況の根源は生産手段の私的所有にあること、そしてその結果、より理性的な経済秩序は共産主義的な経済運営によってのみ期待されうること、を計算して見せた。何故にマルクスはまだ論駁されていないのだろうか。今日まで、ひとは社会主義者に、彼らが誤っているという証明の責任を委ねてきてしまったし、共産主義的企図の実現にともなう実際的な困難を単に指摘するだけでは、社会主義者は怯まない。

飢えている者は、いかなる困難も知らない。それゆえ、マルクスは正しいのか否かを確かめることが、重要になってくる。もし彼が間違っているなら、彼に逐一証拠を突きつけなければならないが、彼が正しいなら、社会民主主義の闘争は不正なものであることになり、遅かれ早かれその報いを受けなければならない。なぜなら、創造の調和のなかでは、いかなる不正も永続的に維持されることはあり得ないからである。

新調された服

われわれは社会的病の病原菌を有しており、錆びる商品の錆びない交換の媒介者のなかに、われわれはそれを見い出した。カラリア島の純粋培養において、われわれはそれを研究し、それを根絶する手段を見いだした。

読者はすでにこの手段――錆びる紙幣――を知っており、貨幣制度のことを知ることで、断固たる前進を遂げたので、私が望むごとく、私が錆びる交換の媒介者を新たな装いのもとに披露したとしても、驚愕するようなことはないであろう。

読者は、貨幣の価値はそれが鋳造される素材にはまったく左右されないことを、知っている。読者は、貨幣は需要を代表する役割を果たしており、その価値はそれゆえ、商品供給に依存していることを、知っている。商品の重量をそれが載っている皿からではなく別のものから推し量るように、貨幣の価値はそれ自体ではなく別の側、すなわち供給にかかっている。読者は、紙からすぐれた貨幣を造ることができ、それが完全に安定した価値を獲得するためには、この貨幣の安定した循環にさえ配慮すればよいことを、知っている。

錆びる貨幣は、以下のようなものとなる。

貨幣

保有者は、

百アトム（もしくはターレル、シュテルン等）

の価値の商品を地方の市場に供給し、地方の商品在庫から同じ価値のものを買い取る権利を有する。

どんな商品をどれだけ手に入れられるかは、供給にかかっている。

商品の所有者とその代理である国が、商品の錆びつきによって被る損害の補償のために、この証明書は国庫の有利になるように、以下のごとく減価する。

	アトム	モレキューレ		アトム	モレキューレ
一月　一日	100	―	二月　一日	99	69
二日	99	99	三月　三十一日	99	10
三日	99	98	六月　三〇日	98	15
十日	99	90	十二月三十一日	96	35
三十一日	99	70			

少額貨幣に関しては

貨幣

保有者は、

五十モレキューレ（もしくは二十五、五、一）

の価値の商品を地方の市場に供給し、商人の商品在庫から同価値のものを買い取る権利を有する。

どんな商品をどれだけ手に入れられるかは、供給と需要によって決定される。

この証明書は、十組の別々の色で発行され、商品の所有者が、錆等によって被る損害の補償のために、毎年この証明書の一つが、国庫の有利になるように、分配され、これにかんしては、その都度の保有者が証明書を補償請求することなく廃棄しなければならない。

何よりもまず、この貨幣にかんして注意を引き、奇異な感じを抱かせるのは、価値単位にかんする「アトム（原子）とモレキューレ（分子）」という名称であるが、読者が自らの人生の幸せを、できるだけたくさんのターレルやルーブルやドルを所有することに賭けているなら、アトムをターレル、シリング、クローネにとって代わらせることも、読者の自由である。

さらに注意を引くのは、紙幣の保有者に金や銀で換金回収することをいっさい約束せず、**紙幣の価値の換金にかんしては、保有者が直接商品供給を参照するよう指示される**点である。読者には、この結果、紙幣はまったく不動の、確定された、明白な価値を表さないかのように思われるだろう。しかし同様に、現在の紙幣の保有者はたしかに一定量の銀と金を受け取るが、**この金の交換価値も完全に商品供給に依存していること**を、読者が熟慮するならば、**直接、即時に、商品供給を参照し、銀と金を迂回することによって、業務行為全体の簡素化が果たされるし、したがって、新たな紙幣の価値は、金属に基づいて発行される現金為替以上に宙を漂うものになることは**ないという洞察に、読者は達するだろう。

新たな紙幣の日々の価値減少にかんして言うならば、いまや読者はそれと結びつけられた目的をよく知っている。読者は、この価値減少によって、貨幣が保有者にとって直接の個人的な損失なしに流通から引き離されることはできなくなり、この損失が貨幣に規則正しく循環することを強いることになることを知っているし、貨幣循環の規則正しさは貨幣の価値安定にとって根本条件なので、新たな紙幣は完全に安定した価値を有することになり、言い換えれば、商品価格は確固としたものになるだろう。

私はすでに「先立つもの Nervus rerum」において、錆びる紙幣を硬貨にとって代わらせればすぐに、いかに国内と同様外国との間においても流通が形成されざるを得なくなるか、を示しておいたし、この貨幣改革の導入がいかに即時の、直接的で、必然的な結果を現わすか、を立証しておいた。

すなわち、その結果とは、

（1）現金支払いを導入する
（2）卸売業をなくす
（3）利子制度を廃止する
（4）失業を起こり得なくする
（5）財政危機、経済危機をなくす
（6）投機、不当利得からその基盤を取り除く
（7）金採掘者、証券取引所、銀行、抵当権設定会社を不必要にする
（8）租税制度を簡素化する
（9）貨幣のための徹頭徹尾安定した価値を実現する
（10）すべての商品を現金で売る

（11）すべての私人に、蓄えは金のような虚構の資本ではなく、現実的な資本に基礎を置くことを、強制する

（12）生産資本全体は、いつでも新たな企業に自由に使わせる、等

そして、これらの要素がともに働くことによって、いかにバラタリア島で支配的となっているものにほぼ正確に合致することになるであろう流通状況が、近いうちに達成されざるを得ないか。

錆びる紙幣の導入

以上のことはすべてまったくすばらしく結構なことである、と少なからぬ人々は言うだろうが、このようなあらゆる状況に深く浸透する改革をいかにして遂行するのだろうか。

目的のために誰かの権利を侵害することが必要だとすれば、目的のために誰かから何かを、たとえそれが一プフェニッヒにすぎないとしても、奪い取り、財布から抜きとらねばならないとしたら、私は、そのような改革は私的所有の殺戮者であり、不法で実現不可能なものである、と公に言明する最初の人間になるだろう。しかし、幸いなことに、貨幣改革の導入はいかなる殺戮も必要とせず、誰の権利も侵害しない。

錆びる紙幣を導入するためには、国民経済学者や資本家の言うことを字義どおりに受けとり、金

を鰊や石油やチーズのような一つの商品であると公的に認め、すべての国立銀行には商品ではなく貨幣しか受け入れないという法律、金と銀は通常の商品であるからすべての国立銀行に受け入れを拒否されるという法律を、公布する必要がある。

その上さらに、国家は紙で貨幣を造り、この貨幣を、その使用に際して国家が運送料を徴収する国営の流通装置であると公に宣言し、言い換えれば、貨幣の使用に際して、国家が日々貨幣の減価のかたちで公課を徴収するのである。国家はこの貨幣を、最初は、通常の商品であると公に認められた金の買い手として登場することによって、第二に、大規模な国家的建設に着手することによって、第三に、公務員給与の支払いによって、流通させる。国家は、公課を新たな貨幣で請求することによって、新たな貨幣の強制相場に配慮するのである。国家は、アトムの価値、商品価値、交換価値がマルク、ルーブル等のそれに到達するまで貨幣を発行すると、さらなる発行は停止し、国家には、あとは流通するなかで使い古された一部の貨幣の補充によって、貨幣の価値を調整する仕事が残されているだけとなる。自らの金や銀を新たな貨幣と引き換えに国家に売る気のない者は、それを持ち続けることもでき、誰もその者に売ることを強制することはないが、その者はこの金を税金、関税、郵便料金、鉄道運賃の支払いには使用することができず、この目的のためには、金を売らなければならなくなるだろう。なぜなら、国家が金と銀を通常の商品であると公に宣言しており、税務署では、いかなる商品ももはや受け取らないからである。

解説

本書には、『貨幣制度改革——社会に奉仕する国家への架け橋として Die Reformation im Münzwesen als Brücke zum socialen Staat, 1891』、『貨幣の国有化——貨幣制度改革にたいする第二の続篇 Die Verstaatlichung des Geldes, zwite Fortsetzung zur Reformation im Münzwesen, 1892』が収められています。

シルビオ・ゲゼルはいわゆるアカデミーの学者ではありません。自ら実業家として成功裏に経験を積みつつ、そのなかで逢着したさまざまな社会矛盾、誤った経済政策に勇気をもって立ち向かい、主に貨幣問題、土地問題にかんして次々に重要な著作を発表していった人物です。一時は、政治の世界にも関与しています。

シルビオ・ゲゼルは一八六二年三月一七日に、ドイツとしては辺境の、ライン地方のマルメディ近郊セント・ヴィートで、九人兄弟の七番目の子として生を受けました。当地は第一次大戦後はベルギーに割譲されています。父親はドイツ人でプロテスタント、会計局の役人、母親はワロン人で教師でした。そのため彼は、家庭内ではフランス語、外ではドイツ語を話し、兄弟からはスペイン語を習う、という多言語空間のなかで成長期を送ることになります。敬虔な雰囲気が漂う家庭環境で、二人の姉妹がカトリックの修道院に入っています。彼自身はギムナジウムを修了すると郵政職員になりますが、すぐに辞めて、兄弟とともにベルリンで医療器具の店を開きます。その後スペインのマラガで企業の通信員を務め、軍役にも服しています。

一八八六年には、アルゼンチンに向かいます。ブエノスアイレスで、兄の製造した歯科医療機械の販売に従事するためでした。当時アルゼンチンでは、当局の混乱した通貨政策により、インフレとデフレが繰り返され、国債為替相場も暴力的に攪乱され、経済危機に陥り、国民生活は困窮状態に追い込まれていました。彼はこうした状況を目の当たりにし、閉塞状態を打開したいという願いから、本書に収められた『貨幣制度改革』を発表します。その後、『貨幣の国有化』『現代商業の要請に応える貨幣の適用とその管理』などを立て続けに発表しますが、とりたてて反応はありませんでした。その後も、投機の横行、政府のデフレ政策等により、経済危機は深化します。彼は『アルゼンチンの通貨問題』を刊行し、抗議の声を上げますが、やはり誰も耳を傾けません。

ゲゼルは全事業を整理し、ラプラタ川に浮かぶ島を購入し、晴耕雨読の日々を過ごすようになります。ところが、その間に、ようやく破滅的なデフレ政策に終止符が打たれ、彼の提案と調和する新政策が実施されることになったのです。退蔵貨幣も流通に還流するようになり、彼は自分の主張の正しさを確認することができました。

彼は一九〇〇年に、三十八歳で完全に事業から引退し、スイスのレゾージュヌヴェに移って、農耕と執筆の日々を過ごすようになります。この時期、彼は「貨幣と土地改革」という雑誌を発行し、相変わらずほとんど反応はありませんでしたが、この雑誌の発行が後の主著『自然的経済秩序』執筆の協力者、エルンスト・フランクフルトと知り合うきっかけになります。一九〇一年には、後に第一次世界大戦の勃発につながる銀行政策の欠陥を指摘したと評価されることになる『スイス国営銀行の独占』を発表し、ついに一九〇六年には、『自然的経済秩序』の第一部をなす「労働全収権の実現」にこぎつけます。

その後、亡くなった兄弟の事業を引き継ぐために、再び彼はアルゼンチンの地を踏みます。フランクフルトとの共著『積極通貨政策』等を発表し、事業を立て直した後、一九一一年に息子に事業を任せ、今度はフランツ・オッペンハイマーによって土地改革の実践が行なわれているベルリン近郊のオラニエンブルク・エデンに移住します。この地で一九一二年に、盟友ゲオルク・ブルーメンタールと「重農主義」という新聞を発行し始めることになります。

大戦中に、自由貨幣により景気循環を阻止することを説いた、主著『自然的経済秩序』が刊行される運びとなり、はじめて好意的な反応に出会うことになります。人々はそこに貨幣問題、土地問題にとどまらず、世界大戦が起こった原因が解き明かされていると感じました。資本主義でも共産主義でもない第三の道が切り開かれる希望を、人々は抱きました。この時期には、『金と平和?』などの重要講演も行なわれています。

ゲゼルとブルーメンタールは、社会民主党を支持する勤労大衆に、資本主義経済から、利子と政治への隷属状態から解放された、搾取のない国民経済への転換を訴えかけることに努めていましたが、そこに、一九一九年、バイエルン共和国のホフマン政府から社会化委員会への参加要請が舞い込みます。まもなく、ホフマン政府は転覆されましたが、ドイツ革命の英雄ギュスターヴ・ランダウアー主導の新政府から財務担当人民委員に就任するよう要請を受けます。ランダウアーはモスクワ追随者ではない社会主義者で、財務担当人民委員は日本では財務大臣に当たる重要ポストでした。ランダウアーはゲゼルの思想に心底共鳴しており、改革のフリーハンドをゲゼルに与えました。ゲゼルの方も、シラー、シュティルナー、ニーチェと並べてその名を挙げるほど、ランダウアーの理念を評価していました。しかし、この政府も一週間で共産主義者によって転覆され、ランダウアーは殺害されてしまいます。その後、ゲゼルも国家反逆罪で告発されますが、なんとか無罪を勝ち取ります。この年には『国家の解体』も世に問うています。

その後も、ヴァイマール共和国政府のハイパーインフレ政策は、金持ちを優遇し、賠償金の支払いを遅延させるとして、ヴァイマールで招集された国民議会にたいして物価指数スライド通貨を提言し、『ドイツ通貨局』をドイツ帝国銀行総裁のハーフェンシュタインに宛てて書きますが、ことごとく無視されることになります。それでもめげずに、世界貨幣を提唱した『インターナショナル・ヴァルタ・アソシエーション』、ヴェルサイユ条約の危険性を告発した『国際連盟の再編成とヴェルサイユ条約改定の提案』などを世に問いますが、やはりまったく注目を集めません。しかし、晩年になっても彼の意欲は衰えず、大恐慌時代には、経済に壊滅的打撃を与えるデフレ政策に警鐘を鳴らし、労働者階級に向けて『労働組合の実践指針覚書』『プロレタリアートの武装』、シュペングラーの『西洋の没落』にたいして未来への楽観的希望を提示した『西洋の興隆』、官僚主義を排した小さな政府、自由通商、母親年金、私的な機関によって発行された通貨、世界貨幣などを基盤とする未来の社会を描いた『解体された国家』などの重要著作を次々と刊行していきました。そして、自由貨幣による実践運動にも着手しようとしますが、政府の干渉により頓挫することになります。

ゲゼルは、一九三〇年三月一一日、六十九歳の誕生日を前にして、エデンで肺炎により死去しました。「雄鳥が鳴いた。さあ、夜明けだ」という最後の言葉を残して。

このように、ゲゼルの思想は、生前は一時を除きほぼ一貫して無視され続けましたが、他方、その真意を理解した人々も存在しました。

ケインズは『雇用、利子および貨幣の一般理論』においてゲゼルの「スタンプ付き貨幣の背後にある理念は健全である」と述べ、「シルビオ・ゲゼルは不当に誤解されている。彼の著作には深く鋭い洞察力のもつ明晰さが含まれており……われわれは将来の人間がマルクスの思想よりはゲゼルの思想からいっそう多くのものを学ぶであろうと考えている」と述べています。

また、ゲゼルの親しい友人であったアルバート・アインシュタインは、「私はシルビオ・ゲゼルの光り輝く文体に熱中した……貯め込むことができない貨幣の創出は別の基本形態をもった所有制度に私たちを導くであろう」と述べています。

さらに、ルドルフ・シュタイナーは、ゲゼルの提唱する自由経済運動にたいして、「私はこの運動に完全に同意している」と述べています。

ゲゼル全集は、経済学者ヴェルナー・オンケン Werner Onken の編集により、ガウケ Gauke 社から全十八巻で刊行されています。

日本では、一九九九年にＮＨＫで放送された『エンデの遺言――根源からお金を問うこと』でゲゼルが取り上げられたことで、注目されるようになりました。二〇〇〇年には放送に基づいて、同名の本が出版されています。

ミヒャエル・エンデは、『モモ』『鏡のなかの鏡』『遺産相続ゲーム』『ハーメルンの死の舞踏』などで、実は貨幣、利子の問題を描き込もうとしていました。前掲の『エンデの遺言』にも、エンデとオンケンのやりとりが載せられています。「一九八六年、エンデの『モモ』を読んだオンケンは、それには、〈時間とともに価値が減る〉というシルビオ・ゲゼルの自由貨幣の理論と、ルドルフ・シュタイナーが提唱した〈老化するお金〉というアイデアが描き込まれていると感じ、その考えを『経済学者のための〈モモ〉』という論文にまとめました。そして、エンデ本人に手紙を書き、自分の考えが正しいかどうか確かめたのです。エンデはすぐさま、オンケンに返事を送ってきました」。その手紙の内容は以下のようなものでした。「親愛なるオンケン氏へ！　お手紙とエッセイをお送りくださり、どうもありがとうございました。私の本をこれほどよく理解してくださり、とくに神秘主義と経済的な背景について理解してくださり、嬉しく思います。ところで、老化するお金という概念が私の本『モモ』の背景にあることに気づいたのはあなたが最初でした。まさにこのシュタイナーとゲゼルの考えをここ数年、私は集中的に学んでいました。同時に、先行してお金の問題が解決されなければ、われわれの文化に関するすべての問題は解決されないだろう、ということに気づいたのです」

『エンデの遺言』ではお金について、次のように語られています。「どう考えてもおかしいのは資本主義体制下の金融システムではないでしょうか。人間が生きていくことのすべて、つまり個人の価値観から世界像まで、経済活動と結びつかないものはありません。問題の根源はお金にあるのです」「重要なポイントは、パン屋でパンを買う購入代金としてのお金と、株式取引所で扱われる資本としてのお金は、二つの異なる種類のお金であるという認識です。大規模資本としてのお金は、通常マネジャーが管理して最大の利潤を生むように投資されます。そうして資本は増え、成長します。とくに先進国の資本はとどまることを知らぬかのように増えつづけ、そして世界の5分の4はますます貧しくなっていきます。というのもこの成長は無からくるのではなく、どこかがその犠牲になっているからです。そこで私が考えるのは、再度、貨幣を実際になされた労働や物的価値の等価代償として取り戻すためには、いまの貨幣システムの何を変えるべきなのか、ということです。これは人類がこの惑星上で今後も生存できるかどうかを決める決定的な問いであると、私は思っています」

そして、ゲゼルについて言及します。「第一次世界大戦後、レーテ共和国時代のバイエルンにシルビオ・ゲゼルという人物がいて、ゲゼルは『お金は老化しなければならない』というテーゼを述べています。ゲゼルは、お金で買ったものは、ジャガイモにせよ靴にせよ消費されます。ジャガイモは食べられ靴は履きつぶされます。しかし、その購入に使ったお金はなくなりません。そこでは、モノとしてのお金と消費物資との間で不当競争が行なわれている、とゲゼルはいいます。お金自体はモノですね。売買されるのですから。しかし、お金は減ったり滅することがないものなのです。一方、本来の意味でのモノは経済プロセスのなかで消費され、なくなります。そこでゲゼルは、お金も経済プロセスの終わりにはなくなるべきであるといいます。ちょうど血液が骨髄でつくられ、循環して、その役目を果たしたあとに老化して排泄されるように。お金とは経済という、いわば有機的組織を循環する血液のようなものです」

　また、自作『ハーメルンの死の舞踏』に込めた思いについても、次のように語っています。「私は新作『ハーメルンの死の舞踏』で、お金があたかも聖なるもののように崇拝される姿を描きました。そこで誰かが『お金は神だ』とまでいいます。たしかにお金には神がもつ特質がすべて備わっています。お金は人を結びつけもすれば、引き離しもします。お金は石をパンに変えることも、パンを石に変えることもできます。お金は奇跡を起こします。お金の増殖は不思議以外の何ものでもありません。それにお金には不滅という性質まであるのですから。……お金もまた、永遠性をもっています。実際の物や品物は滅び朽ちるのに反し、お金は不滅なのです。今日のお金の永遠性と、その一人歩きは、本来の永遠性を徐々に追い出そうとしています。拝金主義は一種の偶像崇拝といっても差し支えないでしょう。……バビロンは聖書には淫売行為の母と書かれています。……バビロンは売買してはいけないものが売買されていることと同義語なのです。ここで現代の世界を見渡せば、私たちはバビロンの真っ只中にいることに気づくでしょう。現代社会では芸術から宗教まで、売買の観点から見られていないものはひとつもありません。ヨハネ黙示録にはバビロンはすぐに亡びると書かれています。皆が信じられない早さで滅亡すると。私の見るところ、現代のお金がもつ本来の問題は、お金自体が商品として売買されていることです。本来、等価代償であるべきお金がそれ自体で商品になったこと、これが決定的な問題です。そのことにおいて、貨幣というもののなかに、貨幣の本質を歪めるものが入るのではないでしょうか。これが核心の問いだと思います。もっとも、これは私の考えであって、経済学者は別意見かもしれません」（ちなみに、『鏡のなかの鏡』にも、「お金は万能である」「お金は神である」というせりふが出てきます）

エンデは、「史上存在した国家は、二つの権力グループに集約することができると思います。祭壇と王座がそれです」と述べ、その後、工業化が始まってから「第三の権力」つまり「経済生活」が加わったと述べています。そしてエンデがゲゼルと並んで、貨幣の問題を考える際に大きな影響を受けた、シュタイナーの「社会有機体三分節」に基づいて、次のように語っています。「人間は三つの異なる社会的レベルのなかで生きています。誰もが国家、法のもとの生活に属しています。生産し、消費する点では経済生活のなかで生きています。そして美術館も音楽会も文化生活の一部ですから文化生活も皆が行っていることです。この三つの『生の領域』は本質的にまったく異なるレベルです。今日の政治や社会が抱える大きな問題は、この三つがいっしょにされ、別のレベルの理想が混乱して語られていることです」「国家の使命は理想を三つとも実現することではありません。国は、法律をつくり適用しなければならない組織です。したがって、平等の理想、それも法のもとでの平等を実現することが求められています。国家は精神や経済のレベルに手出しすべきではないのです。共産主義の最大の過ちは、国家にすべてを託してしまったことだと思います」「精神のレベルには自由の理想が無制限にあてはまります。精神はできるだけ束縛されていないことが必要だし、各人に応じて独自の形に形成されなければなりません」「経済生活の理想は友愛です。あえて私は友愛こそ近代経済に内在している掟だと考えます。生産と需要の自由なゲームを適用させれば、〝万人の万人に対する戦い〟になり、経済的に弱い者がいつも割りを食うことになります。経済生活は本質的に社会連帯的なものなのです」「では、お金はどのレベルに属すのでしょうか。お金が国家が保証する法的権利であれば、国家に属し売買できません。また、お金が経済生活に属するものならば、それは商品でありますが、友愛の理想を実現できる形にお金を近づけなければなりません。資本の自己増殖を許す金融構造が、友愛の理想を破壊してしまったのだと思います」

その流れで、エンデはマルクスを批判します。「簡単にいいますと、マルクスは個々の資本家を、国家という唯一の資本家でとって代えれば、資本主義が克服できると考えたのです。……マルクスの資本論を読むと、そこでマルクスが一種奇妙な幻想的姿勢で書いているのに気づきます。まず世界革命が起こる。これは起こすのではなくて、自然と起きるとマルクスは考えます。世界革命からプロレタリア独裁が起こり、そこから新しい人間が生まれる、とマルクスは書くのです。この新しい人間が無階級社会を築きます。これをマルクスは根拠づけようとせず、あたかも地平線に日の出を幻視するように書くのです。これはやはり幻想で、実際には新しい人間は生まれず、生まれたのはそれまでとまるで変わらない官僚主義でした」「マルクスの最大の誤りは資本主義を変えようとしなかったことです。マルクスがしようとしたのは資本主義を国家に委託することでした。つまり私たちが過去の七〇年間、双子のようにもっていたのは、民間資本主義と国家資本主義であり、どちらも資本主義であって、それ以外のシステムではなかったのです。社会主義が崩壊した原因はここにあるのでしょう」

「マルクスは死んだ」と言われるようになって久しいですが、十九世紀から二十世紀の八十年代まで、資本主義の災厄から抜け出すための処方箋をマルクスに求める大きな潮流がありました。しかし当時すでに、ゲゼルは以下のように、マルクスを批判しています。

「マルクスは貨幣制度を研究しておらず、貨幣をありふれた商品と見なした。貨幣は、欠くべからざるものであり、鉄道や機械装置よりも文化的発展にたいしてずっと大きな影響力をもつものであるのに、マルクスは貨幣が流通装置、重要な流通装置であることを認識していない。そして彼は、貨幣が流通装置であることを知らなかったので、そこにいかなる欠陥も発見できず、それゆえ、この欠陥の帰結をその起源に帰することができる立場にもなかった」「貨幣は商品ではなく、その正反対のものである。それは貨幣、交換の仲介者であり――等価物ではなく――、まったく特異な概念である」「マルクスは商品と貨幣を区別しておらず、そのせいで、資本のすべてを吸い上げる特性を、貨幣ではなく、商品の責任にせざるを得なくなった。この失敗のせいで、当然のことながら、彼はまったく誤ったコースを歩まざるを得ず、彼の研究の最終結末は歪んだものにならざるを得なかった」。その結果、彼には、「資本集中にたいする治療として、共産主義的な生産方法を今日の個人の主導権に基づいた生産方法にとって代わらせる道」しか残されておらず、「進歩する代わりに、野蛮な時代の生産方法に逆戻りしたのである」

「金に一定の、金生産にのみ影響を受ける価値を付与する者はまた、商品が金を循環させる、という結論に達するにちがいない。マルクスはこれを信じていたし、そう信じなければならなかった。というのも、彼の田舎くさい貨幣価値理論に基づけば、そうなるからである」「マルクスは、あらゆる商品を、そのあらかじめ労働を基準として定められた価格で市場に登場させ、この価格を基準として、商品購入のために貨幣の保管場所から引き出される貨幣量が算定された」「このようなやり方で、マルクスがいったいどうやって財政危機や暴利、投機の発生のことを納得したのか、私には判然としない。それどころか、需要と供給による価格決定は、このような貨幣の循環によって帳消しにされるのである」「商品が貨幣を循環させると主張するのは、馬鹿げている。なぜなら、事実はその正反対だからである」

「マルクスは、労働者と工場主を対等な商品所有者と呼ぶ。なぜなら、工場主は労働者の労働力を買うための貨幣のかたちで、その労働力の等価物、すなわち、平均して相応する量の金を掘り出すのに必要とされる労働の総量、を所有しているからである」「ここのどこに対等性が存在するのか。

どこに等価物が存在するのか。労働者がなおも工場主と交渉している間も、労働者は損害を被り、一方、同じ時期に工場主の貨幣は銀行に利子をため込んでいるというのに」「それに、交渉がいかなる成果も上げられないとしたら、どうだろうか。労働者は日給、週給、月給を失い、マルクスによれば貨幣の等価物、対等な商品であるはずの商品を失うが、他方、貨幣は何の損害も被らない。逆に、貨幣はその間に価値、購買力を増す。なぜなら、労働者の損害は彼らを意気消沈させ、自らの商品をなんとしてでもすぐに売り払いたい気にさせるからである。ここには、等価物、対等性は、その痕跡すら見いだせない。労働者の商品などというものは、生え出てくる無数のキノコのごとく、束の間のものである。それは一時も保存しておくことはできないが、他方、貨幣、マルクスによるところの対等な商品は、あらゆる金属のなかでも最も長持ちするものから造られている」「現実には彼らは無条件に貨幣の保有者に服従させられている」「貨幣保有者が、商品所有者が彼らに自らの所有物の一部を貢ぎ物として代償なしに譲渡するという条件でのみ、商品の交換を許すのであれば、いったいどうすれば貨幣に商品の等価物という名前を与えることができるのか」

ロシアでは、以前は不作に備えて国有の穀物倉があったが、財務大臣が損失を回避するために穀物を外国に金で売り、それを銀行に蓄えた。不作の年に貨幣を放出したが、需要の増大により貨幣が購買力を減少させ、供給は退き、困窮が拡大した。「貨幣を資本や蓄えと見なす悪習によって直接ひき起こされたロシアの苦境は、ロシアで千人の投機家を億万長者にし、数百万の製造者をプロレタリアートにした。所有権と生産手段に資本蓄積の責任を押しつける、社会主義理論の立場からすると、事実が意外な発見に素材を提供する」

「彼が貨幣に発見した唯一の誤りは、貨幣が人間の間で平等に分配されていない、ということだった」

では、ゲゼルにとって、貨幣はどのようなものであるべきなのでしょうか。

金は「商品ではなく、なんらの内的価値も有さず、等価物でも価値尺度でもない」。金は「紙とうまく置き換えることができ」る。

貨幣は「あらかじめ引き渡された商品の対価を国の商品在庫から引き出す権利を、所有者に与える、受取証書である」「国家は一定数のこのような受取証書を流通させ、この受取証書が呈示された場合にのみ商品が入手可能となり、供給と需要の法則がこの受取証書の価値を決める」「貨幣の価値がともかく需要と供給によってほぼ定まっており、貨幣量が同じで商品生産もそうなら、貨幣の価値は、あとは引き続き、その循環にのみかかっている」「貨幣の循環は、貨幣の価値決定の主要因である。今日の商取引を不安に陥れる、絶え間ない物価変動、貨幣の購買力の持続的な変化は、貨幣の循環の不安定性の結果にすぎない」「個人的な損害なしには投機目的で貨幣を流通から引き離すことができないとすれば、貨幣の流通は常に安定したものとなり、商品生産と完全に歩調を合わせることだろう」

「商品所有者は常に、あらゆる商品は例外なく傷むという自然法則の重圧のもとにあり」、「商品所有者は常に、格別急いで自分の商品を入手に渡してしまいたいと思っている」「貨幣保有者、需要には、この地上ではすべてが土に還る、という自然法則の重圧がかかっていない。したがって、需要は供給にたいして、常に計りがたいほどの利点を有して」いる。「供給は先送りできず、商品は所有者にとって余計な出費の原因とならずに市場から引き離されることはできないのだから、需要と供給による価格決定が故意に歪まされないことを望むなら、需要も先送りされないこと、貨幣もその保有者に損害をもたらさずには市場から引き離され得ないこと、が必要である」

しかるに、今日の貨幣制度においては、「需要は次の日、次の月、次の年まで、需要の肩書の保有者にとって、何らの損害もなく、好きなように先送りされることができ、かえって貨幣を押し戻し、需要を先送りすることによって、供給を増大させ、売り物の商品の量を決して停滞しない新製品によって増大させ、価格は下落し、貨幣の価値は需要が先送りされるにつれて増大する」「生産者は窮境に陥り、今度はこの窮境から貨幣保有者は資本を引き出すことになる」「商品交換を容易にするという唯一の目的のためにのみ貨幣をもつことが、本当に真理であるべきだとするなら、ひとは山羊を庭師として雇い入れてしまったことになる」「今日の貨幣は、流通を容易にするどころか、その正反対のものになっている。流通の促進を望むなら、商品交換を阻害し、貨幣の引き戻しによって生産者間の結びつきを阻むことが、もはや貨幣保有者の利益にはならず、むしろ貨幣の保有者が反対に、商品交換の加速化に直接的個人的な関心をもつ方向に、貨幣を適合させていかねばならない」

そのためには、「錆びる紙幣」を導入することが絶対に必要である、とゲゼルは主張します。「錆、破損、腐敗によって品物が駄目になれば、その代理をしている証明書も同じだけ損なわれざるを得」ない。「証明書が損なわれないとするなら、それはもはや代理ではなく、瓶の中身を実際よりも多く表示する偽のラベルにすぎ」ない。「それゆえ、流通している貨幣も同じだけ失われなければ」ならない。

不足分は誰が負担すべきなのか。商品の所有者である。だが誰が本来の商品の所有者なのか。「疑うべくもなく、貨幣の保有者である」「というのも、商品は商取引に委ねられる、言い換えるなら、別の物と交換されねばならず、したがって各々の商品の生産者は、交換を仲介するためには、貨幣が存在することも前提としているからである。当然、貨幣が存在しなければ、商品は売ることも交換することもできないからである。ところが、その交換を仲介することになっている貨幣の保有者は、好きな時に商品を購入できるのである。彼は、今日買うこともできるし、明日買うこともできるうえに、そもそもが商品を買うことを強いられることもないし、商品が傷むに任せておくこともできる。彼はその商品の主人であり、真の所有者である」

では、「錆びる紙幣」とはどのようなものなのでしょうか。

「紙幣の価値は、年月の経過とともに継続して減少してい」く。「つまり、貨幣と交換することが定められている商品が時間の作用によって概ね毎年こうむる損失に、比例させる」のである。

「小額紙幣」にかんしては「これが容易には貫徹できないので、われわれはこの小額紙幣を十組の別々の色で刷らせるという打開策を考え出した。この証明書は、印刷された五、十、五十プフェニッヒの価値を丸一年維持することになるが、年の終わりには、十組のうち一組の証明書が籤引きで決められ、そのような籤で選ばれた証明書の所有者は、補償請求することなくそれを廃棄しなければならない」

「紙幣の保有者に金や銀で換金回収することをいっさい約束せず、紙幣の価値の換金にかんしては、保有者が直接商品供給を参照するよう指示される」「金を鰊や石油やチーズのような一つの商品であると公的に認め、すべての国立銀行には商品ではなく貨幣しか受け入れないという法律、金と銀は通常の商品であるからすべての国立銀行に受け入れを拒否されるという法律を、公布する」

国家は「錆びる紙幣」の価値が既存の貨幣の交換価値に達したら、「さらなる発行は停止し、国家には、あとは流通するなかで使い古された一部の貨幣の補充によって、貨幣の価値を調整する仕事が残されているだけとなる」

現在、「流通しているマルクはすべて、国家の負担で保有者の有利になるように年に十パーセント、ちょうど十プフェニッヒの税を徴収」している。しかし、「錆びる紙幣」では、「国家は紙で貨幣を造り、この貨幣を、その使用に際して国家が運送料を徴収する国営の流通装置であると公に宣言し、言い換えれば、貨幣の使用に際して、国家が日々貨幣の減価のかたちで公課を徴収するのである」「最小の労働経費もなく、まさに正しい仕方で、税金の徴収を肩代わりしてしまう」「遺漏なく徴収される税」である。

この貨幣改革の導入の「即時の、直接的で、必然的な結果」は以下のようです。

（1）現金支払いを導入する
（2）卸売業をなくす
（3）利子制度を廃止する
（4）失業を起こり得なくする
（5）財政危機、経済危機をなくす
（6）投機、不当利得からその基盤を取り除く
（7）金採掘者、証券取引所、銀行、抵当権会社を不必要にする
（8）租税制度を簡素化する
（9）貨幣のための徹頭徹尾安定した価値を実現する

(10) すべての商品を現金で売る
(11) すべての私人に、蓄えは金のような虚構の資本ではなく、現実的な資本に基礎を置くことを、強制する
(12) 生産資本全体は、いつでも新たな企業に自由に使わせる、等

貨幣は日々減価していくので、「誰にとっても、商品を所有していようが貨幣を所有していようが、どうでもよいこと」になる。「というのも、どちらにせよ損失が生じる点では変わりはなく、この損失にたいしてはいかなる防護策も」ないからである。「錆や腐敗の恐怖から、生産物を市場にもっていく準備ができしだいすぐに市場に運び、いつも同量の商品が市場に出され」るため、供給は常に安定する。「貨幣の減損が主婦を一年じゅう常に市場へと駆り立て」るので、需要も安定する。貨幣は迅速に循環し、「需要と供給は常にバランスのとれたもの」になるので、物価も安定する。「現金で支払う方が好都合」になる。「信用貸し、支払いの繰り延べにたいする需要は、まったく生じない」「貨幣制度の改革によって、各自が蓄えを商品に投資するか貨幣の代わりに産業設備に投資することを強いられるようになった暁には、商人の商品倉庫は姿を消し、製造者は注文、消費者の直接の注文を受けた場合にのみ働く」「商店も商人も見いだすことはできなく」なる。「というのも、商品には商店にとどまっている時間はまったく」ないからである。商品は、生産場所から消費場所へと

どまることなく転がって」いく。それゆえ、商品の価格に商取引の諸経費が上乗せされることもなくなり、誰もが確実に自らの商品の等価物を手に入れることができ」る。

現在の利子制度は、以下のことを拠り所とするものである。

（1）貨幣の導入以来、需要がもっぱら貨幣保有者の手に握られていること。

（2）貨幣保有者が、その結果、自らの資産にたいしてと同様に商品にたいして、自由な処分権を有すること。ただし、その際には、

（3）保管にかかる余分な出費、錆、盗難等による損害が、貨幣保有者ではなく、生産者の負担になること。そうした状況が、

（4）商取引で利益を得るために、貨幣保有者によって利用されうること。

（5）そのことによって、貨幣保有者が、商品所有者ないし生産者にたいする大きな特権を享受できること。

（6）銀行家は他の人への貨幣の貸し出しをとおして、この貨幣を手にした者に、貨幣の特権も委譲すること。

（7）そして最終的に、利子が、その特権の数字で表された価値を現前させること。

現在預金に四パーセントの利子がついたとしても、銀行は貸し出す際に六パーセントの利子をとる。「商人が銀行家に払わなければならない六パーセントの利子を、彼らは自分たちの財布から払う

わけではない。この利子は、一般経費として商品価格に上乗せされる」。その上さらに、儲けのために四パーセントを加える。利子目当てに信用貸しが広まると、それは「債権者と債務者の果てしない連鎖を意味し、一方が他方に寄り掛かる。悲しいかな！　一つの環でも切れると、たった一つの環の切断が無慈悲にも鎖全体を奈落に引き込むのである」

国家も国債の利子のために、「赤字につぐ赤字が続いている」「私人なら、こうした場合、無責任に倒産させたかどで訴えられるだろうし、もし検察官が職務に忠実であったならば、もうとっくに財務大臣を被告席につかせていなければならなかっただろう」「資本はどんどん金利生活者の手の内に集中していく。国民の納税能力は日々減少し、それに応じて、必要な納税額が利子制度によっていっそう増大していく」

「貨幣の適切な改革によって、この特権が廃棄されるなら、貨幣が手直しされることで、貨幣が商品より良いものでも悪いものでもなくなるなら、利子制度も廃止され、この制度を拠り所としている構造全体も、崩壊して瓦礫、破片と化すにちがいない」。貸したものが後に量も減らずに返済されるだけでも十分得になり、「錆や腐敗から身を守れるなら、すでに利子以上の利益」があるからである。

ゲゼルは、金から造られた貨幣は「楽園の禁断の木の実」であり、アダムの不服従は「原罪」である、と述べています。「金、今日の貨幣制度は、道化師のように人類の鼻面を引きずり回す、専制君主である。……邪神を囲んで、人間は何千年も踊り続けている」「銀行家がヴァイオリンを弾き、皇帝は自らの大臣たちとともに、そのメロディーに合わせて踊らなければならない」「あらゆる国々で形成され、その構成員はほぼ一つの家族の一員であり、あらゆる企てに際して互いに兄弟のように支え合う、金融集団は、いかなる目的を追求しているのだろうか」。彼らは不意に貨幣を流通から引き上げ、需要を減らし、物価を下落させ、貨幣の購買力を高める。そして、商品を買い占めた後、今度はまた貨幣を大量に流通させ、購入しておいた商品を売り抜ける。「ここには、今日金融業界が行なっているような投機が見られる。両者はただ単に、商人の位置を国家が、商品の位置を株券が占めていて、略奪された金額が百万ではなく、総計数百万にものぼる、という点で異なっているにすぎない」。このような投機を行なう集団として、ゲゼルは一貫してロートシルト（ロスチャイルド）に言及しています。

「錆びる紙幣」が導入されると、「投機目的で意のままに用いられる資本が、商品に投資されようと貨幣に投資されようと、日々価値を減じていき、それゆえ、この確実な損失が、運送料、火災保険、保管料等が投機のために市場から引き離された商品に負担させる出費とあいまって、あるいは得られるかもしれない常に不確実な利得の収支を調整するどころか、どんな投機意欲も萌芽のうちに摘み取る」「私人が貨幣制度改革によってその蓄えを商品に投資することを余儀なくされるならば、投機はその生存条件を奪われるだろう」

当時、貨幣による需要不足のせいで、商業に非常な困難が生じ、生産者、消費者ともに困窮していました。「銀行家が貨幣を流通から引き上げると、商品は腐り、資本は無為に失われ、労働者は資本供給の不足のせいで餓死する。商品の所有者は、自らの持ち物を意のままにできない。彼らは、銀行家の気まぐれに従わされる」。生産者は「忍耐の限度を超え、彼らは自らの商品を掛け売りする。言い換えれば、物々交換に戻るのである」「まさに物々交換の困難を回避するために、貨幣は導入されたのであり、今日商品 - 交換のかなりの部分が掛け売りという手段を使って行なわれているという状況は、硬貨は今日の商取引が貨幣にたいして有している要求を満たすものではない、という新たな証拠をわれわれに提供する」。貨幣制度改革により、現金が常時流通するようになり、掛け売り、物々交換の困難は回避されます。

仕事不足が生じることもなくなり、生産手段も改良され、「蓄えはますます増え、蓄えが増えれば増えるほど、資本供給、労働者への需要もますます増え」る。「職人の競争はその矛先を価格ではなく製品の品質に向け」、「全資本がいつでも流動的で、どんな試みにも進んで投資され」る。「資本のこの流動性は事業意欲を大いに掻き立て」る。「買い手と売り手は完全に対等な商品所有者」になり、「あらゆる者のこのうえなく完全な経済的独立」が達成される。そして何よりも「財政危機、経済危機」が起こらなくなる。

もちろん、この紙幣の導入のために誰かの正当な権利を侵害するとしたら、社会的に広範な反発を招き、革命でもないかぎり、導入の可能性は限りなく薄れますが、懸念するには及びません。ゲゼルもそのことについて、「目的のために誰かの権利を侵害することが必要だとすれば、目的のために誰かから何かを、たとえそれが一プフェニッヒにすぎないとしても、奪い取り、財布から抜きとらねばならないとしたら、私は、そのような改革は私的所有の殺戮者であり、不法で実現不可能なものである、と公に言明する最初の人間になるだろう。しかし、幸いなことに、貨幣改革の導入はいかなる殺戮も必要とせず、誰の権利も侵害しない」と述べています。

「錆びる紙幣」とは妙な命名ではありますが、要するに「減価する貨幣」であり、一般的には「エイジング・マネー（老化貨幣）」と呼ばれているものです。

ゲゼルも言及していますが、これにはプルードンの「交換券」という先行例があります。プルードンも流動性の面で貨幣と商品には同等性がないと見抜き、国家から自立した、資本金を有さず、営利も目的としない「交換銀行」「人民銀行」を設立して、加入者に「交換券」を発行し、商品の流通を促すことを構想しました。彼は、それをさらに改良した「流通券」で実際の変革に乗り出そうとしましたが、政治犯として投獄されてしまい、計画は日の目を見ませんでした。

また、エンデのところで言及しましたが、ゲゼルとほぼ同時代人のシュタイナーも「老化する貨幣」を提唱しています。

「経済領域における『生産・流通・消費』の相互作用のなかに『①消費財、②耐久消費財、③貨幣、以上の三つがある』」「分業を基礎とし、流通が大系化されている社会有機体のなかでは、おのおのの産品に対して『等価物』がなくてはなりません。……ところが貨幣は、ほかの国民経済的な要素と等価であるにもかかわらず、奇妙なことに、国民経済のなかで消耗しないものなのです。……もし貨幣が加工材と等価であるなら、貨幣も消耗しなければなりません。貨幣は、ほかの財と同じように消耗するものでなくてはならないのです。……『今五百フラン持っている人が、十五年後、それを一千フランに増やすためにしなくてはならないことは何か』と考えてみてください。その人は何もする必要がありません。自分は労働せずに、ほかの人々に担保をとって金を貸し、その人々を働かせればいいのです。そのあいだ、自分が消費しなければ、金銭は消耗しません。こうして、社会のなかに『虚偽』が持ち込まれます」「貨幣を、純粋に交換における等価物として使用すると、腐敗するものに対して、貨幣は信用できない取引相手になります。貨幣は通常、腐敗しないように見えます。『腐敗しないように見える』のです。現実にそぐわない状態が国民経済のなかで進行すると、不健全なものが国民経済のなかに発生します。わたしたちのかかわっている制度では、貨幣はどんな社会的位置にあろうとも、自分の『額面』というものを持っています。貨幣は自身の額面を所有し、その額面を保持しているように見えます。しかし現実には、貨幣はその額面どおりのままのものではありません」（『シュタイナー経済学講座』西川隆範訳、筑摩書房）

「健全な社会においては、貨幣は、他人の生産した財貨の『小切手』にすぎないのである。……従って、貨幣が、生産活動の表象としての機能を失った時、同時に貨幣価値を、その所有者に対してもたなくなる方法を、講ずるべきであろう。それについては、貨幣所有権が一定の時日を経過した後、何等かの手段で、社会に還付されるようにする。生産活動に投下されるべき貨幣が死蔵されることを防ぐ意味で、改鋳や、新紙幣を発行し、旧貨幣の回収を図ることもできる」（『社会問題の核心』廣嶋準訓訳、人智学出版社）

「《経済プロセス》のなかで、貨幣が二十五年後に価値を消尽するようにすると、一九一〇年に鋳造された硬貨は、一九三五年に無効になります。私は貨幣を所有することによって、一種の年齢を自分の貨幣に付与します。一九一〇年に鋳造された貨幣は、一九一五年に鋳造された貨幣よりも老いており、一九一五年に鋳造された貨幣よりも、速く死期を迎えなくてはなりません。……《経済プロセス》自体もそのように要求しているのです。《経済プロセス》自体が、貨幣を古くするからです。貨幣が古くならず、一九一〇年に鋳造された貨幣なのに、一九四〇年になっても、まだ物が買えるなら、それは『仮面』をかぶっているのです。実際には、その貨幣で買っているのではなく、『想像上の貨幣価値』で買っているのです」「貨幣の発行年が意味を持つなら、貨幣は財布のなかで古くなり、死期を迎えます。人間が年を取ることによって価値を刻印されるように、貨幣も古くなることによって、価値が刻印されます。どの生きものにも、価値が刻印されます。発行年が意味を持つことで、貨幣は突然生きいきとし、貨幣に価値が刻印されるのです」（『シュタイナー経済学講座』）

シュタイナーは「社会有機体三分節」を唱えています。「個人の自由に基づく精神生活」「民主主義による平等な政治」「友愛を基盤とする経済」の三分節です。そのうち経済活動は「経済アソシエーション」が担当します。アダム・スミスは物価は需要と供給の関係で決まるという「商人の方程式」を経済全体にあてはめている。これは私経済的な発想である。生産者の供給は物価と需要の関係で決まり、消費者の需要は供給と物価の関係で決まる、というさらに二つの方程式が必要である。経済アソシエーションはこの三つ、商品の生産・流通・消費を、経験、専門知識に基づいて統括し、消費の要求に応える生産、失業問題に対処するための労働力の配分を調整する、とシュタイナーは述べています。

ゲゼルは本書で、注文に応じて生産する社会の実現を説いていますが、シュタイナーも「今日では、消費を顧慮しないままに、市場のための生産が続けられています。……生産された商品は全部、市場の仲介を通して倉庫に集められ、そして買われるのを待っています。この傾向はますます顕著になっていくでしょう。そしてこの傾向は自己を破滅させるまではやまないでしょう。社会生活の中にこのような生産方式が導入されますと、それによって人類社会の秩序の中に、生体に癌が発生するときとまったく同じことが生じるのです。まったく同じ癌が、文化癌が人類社会に発生するのです。……今、いたるところに社会的潰瘍形成への恐ろしい素地が作られつつあるのです。これは現実を直視する者にとって、とても憂慮すべき状況なのです。それを実感する者にとっては、心を締めつけられるほどの恐ろしい事実です。……すでに始まっており、ますますその傾向を顕著にしつつあるこの事実に対しては、世界救済の手段を求めて絶叫せざるをえないくらいに恐ろしいことなのです。自然という創造の場においてはなくてはならないものが、今述べたような仕方で社会の中へ入ってくるときには、癌を発生させるのです」（『死後の生活』高橋巖訳、イザラ書房）と述べています。

当時、ゲゼルの思想に基づいた自由経済運動を担っていた人々とシュタイナーの提示する理念に共鳴する人々の輪は、少なからず重なっていました。

なお本書中には、今日の観点からすると、人種、民族、身体、職業等にかんして不適切と思われる表現が見られますが、当時の時代背景、意識を考慮し、故人の諧謔に満ちた文体を損なわないためにも、原文のままといたしました。

いつも訳業を評価してくださり、全面的に翻訳を任せてくださっている、アルテの市村敏明氏に感謝申し上げます。

二〇一六年七月　　　　　山田　明紀

◆著者

シルビオ・ゲゼル（Silvio Gesell）

1862年—1930年。ドイツに生まれる。1886年、アルゼンチンのブエノスアイレスに渡り実業家として成功を収める。その後、ヨーロッパに戻り、実業家としての自らの体験を踏まえつつ経済学の研究を行ない、1916年、主著『自然的経済秩序』を刊行し、自由土地と自由貨幣を提唱する。1919年、バイエルン・レーテ共和国のランダウアー内閣で金融担当相として入閣するが、一週間で共産主義者が権力を奪取し、国家反逆罪に問われる。その後無罪となるが、1930年、肺炎により死去。ケインズは『雇用・利子および貨幣の一般理論』の中で、「未来の人々はマルクスよりもゲゼルの精神から多くを学ぶだろう」と評している。

◆訳者

山田　明紀（やまだ　あきのり）

1956年、北海道に生まれる。早稲田大学法学部卒業。法政大学大学院人文科学研究科哲学専攻修士課程修了（フランス哲学）。早稲田学習教室塾長（英語担当）。訳書にシルビオ・ゲゼル『国家の解体』（アルテ）など。

貨幣制度改革 ——ゲゼル・セレクション

2016年9月25日　第1刷発行

著　者　シルビオ・ゲゼル
訳　者　山田　明紀
発行者　市村　敏明
発　行　株式会社　アルテ
〒170-0013　東京都豊島区東池袋2-62-8
BIGオフィスプラザ池袋11F
TEL.03(6868)6812　FAX.03(6730)1379
http://www.arte-pub.com
発　売　株式会社　星雲社
〒112-0005　東京都文京区水道1-3-30
TEL.03(3868)3275　FAX.03(3868)6588
装　丁　清水　良洋（Malpu Design）
印刷製本　シナノ書籍印刷株式会社

ISBN978-4-434-22418-8 C0033 Printed in Japan